中小学生核心素养系列丛书

中小学生
劳动教育知识

李 滢 编著

应急管理出版社
·北京·

图书在版编目（CIP）数据

中小学生劳动教育知识/李滢编著．－－北京：应急
管理出版社，2021
（中小学生核心素养系列丛书）
ISBN 978 － 7 － 5020 － 8592 － 6

Ⅰ．①中…　Ⅱ．①李…　Ⅲ．①劳动教育—中小学—课
外读物　Ⅳ．①G634.933

中国版本图书馆 CIP 数据核字（2021）第 074093 号

中小学生劳动教育知识（中小学生核心素养系列丛书）

编　　著	李　滢
责任编辑	高红勤
封面设计	何洁薇

出版发行　应急管理出版社（北京市朝阳区芍药居 35 号　100029）
电　　话　010 － 84657898（总编室）　010 － 84657880（读者服务部）
网　　址　www.cciph.com.cn
印　　刷　北京九天鸿程印刷有限责任公司
经　　销　全国新华书店

开　　本　710mm×1000mm $^1/_{16}$　印张　$6^1/_2$　字数　83 千字
版　　次　2021 年 6 月第 1 版　2021 年 6 月第 1 次印刷
社内编号　20201793　　　　　　　　定价　28.00 元

序　言

　　著名教育家陶行知先生曾经这样解读劳动："人有两件宝，双手和大脑。双手会做工，大脑会思考。用手不用脑，事情做不好。用脑不用手，啥也做不好。用手又用脑，才能有创造。"

　　劳动创造了人类和文明，从结绳记事到汉字"六书"，从社会分工到职业分类……人类生活的方方面面都离不开劳动。唯有劳动才是和谐社会的不竭动力，才是促进人全面发展的重要内容。

　　作为新时代的中小学生，我们在努力学习书本知识的同时，更要提高自己的劳动能力，从劳动中感悟生活来之不易，感受劳动的力量，提高"劳动最光荣"意识，进而确立保障幸福人生的劳动价值观。

　　2020年3月20日，中共中央国务院发布了《关于全面加强新时代大中小学劳动教育的意见》（以下简称《意见》）。《意见》明确表示，劳动教育是中国特色社会主义教育制度的重要内容。新时代的中小学生，应当全面贯彻党的教育方针，坚持立德树人，实现知行合一，形成正确的世界观、人生观、价值观。

　　本书为了落实《意见》，将晦涩难懂的专业语言变成了丰富有趣的小故事、简单有趣的小插图以及通俗易懂的语言，以便真正让劳动教育走进校园，走进中小学生的日常生活。

本书共分为 6 章。

第一章主要讲述了新时代劳动教育的基本理念，通过典型的劳动模范让学生懂得劳动的价值和意义，让学生切身感受到劳动的力量，进而树立正确的劳动观念，提高劳动意识，主动、积极地用双手和智慧来创造未来。

第二章主要介绍了日常生活中的劳动技能。作为新时代的中小学生，我们在领悟劳动创造美好生活的真理之时，更要明白"流自己的汗，吃自己的饭，自己的事情自己干"，并积极付诸行动，用勤劳的双手创造整洁的家庭、干净的校园。

第三章主要介绍了一些生产性劳动技能，通过小手工制作、基本生产工具、用电常识、简单的种植技术，让学生了解基本的生产性活动，掌握简单的生产性劳动技能，提高学生的动手能力和动脑能力。

第四章从一些简单的服务性劳动技能入手，让学生感受到服务他人的魅力，体会到服务他人的快乐，加深学生对公益服务活动的了解，促使学生自觉加入公益服务活动。

第五章讲述了劳动技能的重要性和作用，让学生的自律意识、创造力有所提升，并从中学会时间管理，通过劳动塑造更好的自己。

第六章以讲故事的方式让学生进行各种职业体验，体验农民、交通协管员、医生、工人、程序员、会计等不同职业的工作内容，感受各行各业的劳动工作和意义。

劳动创造幸福生活，从今天开始，从现在开始，让我们用双手去创造一个更美好的未来吧！

目　录

第一章　为什么劳动教育如此重要

- 新时代劳动教育的基本理念
- 劳动是立足社会的生存本领
- 劳动能够锻炼我们的意志
- 树立正确的劳动观，做一个有用的人

一 新时代劳动教育的基本理念

小小导读站

在山高沟深的六盘山区，宝中铁路犹如一条铁龙在山沟之间横穿而过，来来往往的火车每天在"铁龙"背上呼啸而过，兰州局集团有限公司中卫工务段平凉桥隧车间崇信桥隧检查工区工长张伟在这里坚守了24年。

在平凡的岗位上，张伟数年如一日，坚持做好宝中线二十里铺至安口窑、西平线长庆桥至平凉南230公里815座涵渠、40座隧道、180座桥梁的养护维修任务，为确保铁路大动脉的安全畅通默默奉献着。

为了提高桥梁检查效率和质量，张伟还总结出了"三定一图"检测法，对每座桥梁进行精确测量，对每处病害认真划分等级。在此基础上，他完善了全段367座桥隧病害库，为全段桥梁做了一套详细的"彩超"册。

2019年，张伟这一名副其实的桥梁"知心人"被评为全国铁路劳动模范。

劳动小课堂

全国劳动模范是党中央、国务院授予在社会主义建设事业中做出重大贡献者的荣誉称号。授予形式分别为召开表彰大会、工作会议、零散表彰等。

1950年至1979年，党中央、国务院先后召开了9次大规模劳动模范表彰大会；1979年以后，零散表彰全国劳动模范21人；1989年首次举行全国劳动模范表彰大会，此后基本每五年召开一次全国劳动模范表彰大会。

同时，全国自上而下陆续开展了不同层次的各级劳动模范评选活动，

当选的劳动模范们成了激励和影响中国人的精神楷模。

习近平总书记在 2015 年 4 月 28 日庆祝"五一"的讲话中曾指出："伟大的事业需要伟大的精神，伟大的精神来自于伟大的人民。我们一定要在全社会大力弘扬劳模精神、劳动精神，大力宣传劳动模范和其他典型的先进事迹，引导广大人民群众树立辛勤劳动、诚实劳动、创造性劳动的理念，让劳动光荣、创造伟大成为铿锵的时代强音，让劳动最光荣、劳动最崇高、劳动最伟大、劳动最美丽蔚然成风。要教育孩子们从小热爱劳动、热爱创造，通过劳动和创造播种希望、收获果实，也通过劳动和创造磨炼意志、提高自己。"

这代表着，中华民族的伟大复兴与劳动者密不可分，我们作为中华民族的一分子，有义务为中华民族建设贡献自己的力量，为未来建设增砖添瓦。

为此，每一位劳动者需要做到以下几个点。

（1）爱岗敬业，争创一流。每一个劳动者都要树立正确、坚定的理想信念，始终将国家和人民的利益放在首位，用我们的聪明才智、辛勤汗水为国家富强、民族振兴、人民幸福而努力奋斗。要坚持爱岗敬业，在本职岗位争当先进，尽职尽责。

（2）艰苦奋斗，勇于创新。每一个劳动者都要发扬坚持不懈、吃苦耐劳的精神，在各自的岗位上刻苦钻研，脚踏实地地做好每一件小事。在工作中勤于思考，勇于创新，不断创造更好的成绩。

（3）淡泊名利，乐于奉献。每一个劳动者都要常怀大局意识和全局观念，发扬奉献精神。在工作中勤勉为人，勤奋做事，将勤劳致富铭记心中，用辛勤劳动、诚实劳动、创造性劳动实现人生价值。

劳动老师说

大家都知道5月1日是劳动节，那么你知道劳动节的由来吗？

劳动节，又称"五一国际劳动节""国际劳动节"。是全世界劳动人民团结战斗的节日。1866年，第一国际日内瓦会议提出八小时工作制的口号。1886年5月1日，美国芝加哥20万工人举行大罢工，要求实现八小时工作制。经过流血斗争，终于获得八小时工作制的权利。1889年7月，在巴黎召开的第二国际成立大会上，决定以象征工人阶级团结、斗争、胜利的5月1日定为国际劳动节。1890年5月1日，欧美各国许多工业城市的工人举行了规模巨大的示威运动。从此各国工人每年在这个节日都举行纪念活动。中国工人阶级第一次大规模纪念"五一国际劳动节"是在1920年，当时在北京、上海、广州、九江、唐山等地都举行了群众性的集会和示威游行。中华人民共和国成立后，中央人民政府政务院于1949年12月规定5月1日为劳动节。

二 劳动是立足社会的生存本领

小小导读站

四川省甘孜藏族自治州境内有一条全长 604 千米、平均海拔 3500 米以上的雪线邮路，来自四面八方的邮件都要通过这条路被送往各个村落。

甘孜邮政分公司的邮运驾驶员其美多吉在这条路上工作了 29 年，他的累计行驶里程超过 140 万千米，相当于绕赤道 35 圈。在工作期间，他驾驶的邮车从来没有发生一次责任事故，每一次他都能圆满完成邮运任务，因此，他被群众誉为"雪线邮路的幸福使者"。

劳动小课堂

劳动是人类的本质活动，是人与动物的根本区别。劳动作为人特有的行为方式，能够满足人在自然中所需要的物质需求和生理需求。正是因为劳动，人类才会不断地改变和提升需要，不停进步。

习近平总书记在庆祝五一国际劳动节暨表彰全国劳动模范和先进工作者大会上指出："在前进道路上，我们要始终高度重视提高劳动者素质，培养宏大的高素质劳动者大军。劳动者素质对一个国家、一个民族的发展至关重要。劳动者的知识和才能积累越多，创造能力就越大。提高包括广大劳动者在内的全民族文明素质，是民族发展的长远大计。面对日趋激烈的国际竞争，一个国家发展能否抢占先机、赢得主动，越来越取决于国民素质特别是广大劳动者素质。要实施职工素质建设工程，推动建设宏大的知识型、技术型、创新型劳动者大军。"

简而言之，劳动是一个人立足社会的生存本领，唯有持之以恒地劳动，才能实现人生价值，创造社会价值。

劳动说起来简单，做起来难。每个人都可以劳动，但是要想通过劳动在事业上获得成功（这里将其简称为"成功的劳动"），还需要辛勤的汗水、经验的积累、持之以恒的毅力等。

（1）成功的劳动需要付出辛勤的汗水。用劳动创造成功就如一匹宝马奔跑，只有汗血如注，不停奔跑，才能得到伯乐的青睐。

（2）成功的劳动需要成年累月的积累。一代宗师季羡林先生名扬海外，凭借的就是他几十年坚持不懈的知识积累。他几番研读《四库全书》，几十年笔耕不辍，把劳动当作生活日常，几十年朴素劳动涵养出的高尚个人风范，让季羡林先生走上了辉煌的人生顶峰。

（3）成功的劳动需要持之以恒的毅力。中国女排能夺得"五连冠"，

五一劳动节

站在世界领奖台上，离不开女排运动员们拼搏不息的精神。她们勇于迎接低谷，从不放弃；她们勇于面对强敌，从不言败。她们的毅力是成功的关键所在。

"三百六十行，行行出状元。"要想在百舸争流的洪流中勇立潮头，在不强则弱的竞争态势中赢得优势，在有限的人生中有所作为，就要勤勉奋发地劳动，孜孜不倦地学习，用辛勤的双手、聪明的大脑立足于社会，在天地中感受劳动的价值和快乐。

劳动老师说

我们为什么必须劳动呢？

（1）劳动创造了文明。四大发明、古典诗词、楼宇亭台……无数中华民族的瑰宝都是劳动人民智慧的结晶。劳动赋予民族文明的灵魂、深厚的底蕴、广阔的前景。因此，文明的产生不能没有劳动，文明的发明不能没有劳动。

（2）劳动创造了艺术。没有曹雪芹的努力，就没有字字珠玑的《红楼梦》；没有凡·高的努力，就没有热烈奔放的向日葵；没有人民的努力，就没有雄伟壮观的长城。劳动的价值无处不在地体现在我们的生活中，散发着芬芳的艺术气息。

（3）劳动创造精神财富。劳动是教育的方向标，为我们指引人生方向。有人曾说："我们的教育方针，应该使受教育者在德育、智育、体育几个方面都得到发展，成为有社会主义觉悟的、有文化的劳动者。"劳动教育让我们的精神更加丰富，前进方向更加清晰。

总之，人的劳动就是生活，就是整个人类的命运，所以我们一定要劳动。

三 劳动能够锻炼我们的意志

小小导读站

2016 年，北京师范大学哲学院硕士黄文秀完成了自己的硕士学业。毕业后，黄文秀并没有选择留在大城市，而是选择返回家乡支援家乡建设。

黄文秀从回乡村第一天开始，就挨家挨户走访群众，了解民情。用了一年多的时间，她帮助村民引进了砂糖橘种植技术，教会村民做电商。在她任百坭村第一书记期间，村里 103 户贫困户顺利脱贫 88 户，村集体经济项目收入翻倍。

据了解，黄文秀的家庭并不富裕，她的父亲还身患重病。然而，在这重重压力之下，黄文秀没有放弃自己的事业，并且每天都乐观开朗，积极向上。借用她的话来说，她在乡村"每天都很辛苦，但心里很快乐"。

劳动小课堂

杰克·伦敦曾说："劳动比信仰移去更大的山。"世界上的一切都源于劳动，劳动成就了人生。

农民日出而作，日落而息，每天在田地间辛勤劳作，才有了秋天的五谷丰登；工人日出晚归，每天在工厂里挥洒汗水，才有了繁荣的经济市场；科学家不舍昼夜，每天辛勤钻研，才有了人类飞跃式发展。

上一代人虽然没有接受足够的知识教育，在劳动中度过了大好年华，但是劳动却提高了他们生活的韧性，磨炼了他们坚强的意志，铸造了他们

劳动，能够锻炼我们的意志，让我们成为更优秀的人。

钢铁般的脊梁。在他们的眼中，没有什么困难可以把他们打倒。

1978 年，车洪才接到编纂《普什图语汉语词典》任务后，花了 30 年时间积攒了 10 万多张卡片，他坚持不懈地负责着这项工作。为此，他曾经做过两次眼部手术，耳朵也出现了异常，但是他依旧没有放弃，历时 36 年将《普什图语汉语词典》编纂完成。

朱丽华年少时因为两次意外事故导致双眼彻底失明，但是她没有因此绝望，而是选择用奋斗来追逐光明，她依靠自己的双手刻苦钻研中医推拿技术，成了嘉兴市首位盲人中医师。她正是凭借坚忍的意志，用双手推出了璀璨的人生。

张海迪身残志坚，在轮椅上创造了一部部著作，获得了许多荣誉。然而，在她心中，那枚全国劳动奖章是最珍贵的东西。因为在她看来，这枚奖章就是她的动力，让她可以在疲惫的时候坚持走下去。

《资本论》第一卷的注释说："人之所以为人，是因为劳动，劳动创造了人，劳动使猿进化成人，劳动点亮生命的灯。"通过劳动，我们能达到更高的人生境界，去构筑至美至善的人生风景线。

世界上没有什么比劳动更能让人挺直腰板。依靠劳动有所收获的人，他的整个人生都会因此熠熠生辉。

劳动老师说

参加劳动教育的途径有很多，在学校，我们可以通过专门的劳动教育课学习劳动知识；在家里，我们可以通过打扫居室、洗碗来亲身体验劳动；在社会，我们可以通过帮助他人、参加实践活动感受劳动的魅力。

总之，我们身边到处都是劳动的舞台，时刻等你行动起来！

四　树立正确的劳动观，做一个有用的人

小小导读站

新的学期开始了，老师组织全班同学大扫除。大家拿着扫把、抹布，热火朝天地打扫卫生。

小叮当走进教室后，不情不愿地拿起抹布，一边擦桌子嘴里一边嘟囔："为什么每个学期都要大扫除啊，擦桌子好累呀！"

班长见小叮当积极性不高，严肃地对小叮当说："学校就是我们的家，如果不把它打扫干净，整天脏兮兮的，我们又怎么在这里安心学习呢？"

小叮当听完，顿时羞红了脸。他看到大家积极忙碌的身影，意识到自己不该这样想。于是，他连忙向班长承认错误，然后和大家一起干劲十足地打扫教室。

大扫除

劳动小课堂

劳动不仅可以把我们的校园装扮得更美丽，还能磨炼我们的意志，锻炼我们的品格。因此，在学校开设劳动教育课堂对于青少年来说很有必要。

进行劳动教育的第一步就是培养正确的劳动观念。劳动观念又称为劳动观，它是指人们对劳动的看法和认识。劳动观反映着劳动者对劳动的态度，决定着劳动者在劳动过程中的行为。一个人只有树立了正确的劳动观，才能强化"劳动最光荣"的意识，主动、积极地用双手和智慧创造未来。

那么，中小学生要如何树立正确的劳动观呢？

第一，正确看待劳动岗位。虽然劳动在分工、专业、环境等方面有所差别，但是就劳动本身而言，劳动是没有高低贵贱之分的，每一个劳动者的地位都是平等的。我们在日常生活中，不应该把劳动分为三六九等，只注重干净、整洁的劳动，而鄙夷简单、脏乱的劳动。

在社会这个大家庭里，不管是从事体力劳动还是脑力劳动，也不管是从事简单工作还是复杂工作，我们都要抱有一样的态度，树立"我是党的一块砖，哪里需要哪里安"的积极劳动意识，愉快地接受学校、社会给予的劳动任务，用辛勤劳动助推中华民族实现"中国梦"。

第二，认清劳动与财富之间的关系。劳动可以创造财富，财富也体现着劳动的价值。不过，财富并不是衡量劳动的唯一标准，我们决不能用财富进行攀比。劳动在创造物质财富的同时，也在塑造着劳动者的精神世界。正确的劳动观应当是既珍惜劳动创造的物质财富，又重视劳动创造的精神财富，始终以集体利益为重，自觉强化劳动意识，用辛勤劳动为祖国增色添彩。

第三，具有恒心。树立正确的劳动观非一日之功，正确的劳动观是在长久的实践积累中沉淀而成的。在实践过程中，我们要有坚强的意志，要勇于抵抗各种诱惑，克服各种困难，坚持正确的劳动观念，为自己、为社会、为祖国而不懈奋斗。

此外，要树立正确的劳动观除了需要教育和引导，最重要的是需要我们有自觉心。用劳动创造未来，从我做起，从现在做起！

劳动老师说

说起劳动教育，大部分同学想到的都是与扫地、擦桌子等这些简单的工作有关，其实除了这些，新时代的劳动教育还包括很多内容。

新时代劳动教育包括日常生活劳动教育、生产劳动教育和服务性劳动教育。日常生活劳动教育就是个人在日常生活中接受的劳动教育，如整理卧室、打扫校园等；生产劳动教育是指学生在工农业生产过程中接受的教育，如体验清洁工工作、尝试卖报纸赚钱等；服务性劳动教育是指利用知识、技能等为他人和社会提供服务，如去养老院照顾老人、担任交通志愿者等。

第二章 劳动让我们变得更好

- 爱劳动，让我们变得更自律
- 爱劳动，让我们学习更主动
- 心灵手巧，劳动让我们拥有创造力
- 集体劳动教会我们团结协作
- 劳动让我们学会时间管理

一) 爱劳动，让我们变得更自律

小小导读站

2020 年年初，受新冠肺炎疫情影响，各学校停课，于是各学校组织学生居家进行网课学习。

小叮当的爸爸和妈妈担心小叮当在家无心学习。没想到，学校在管理上从未放松要求。不仅每天坚持监督学生打卡、学习、写作业，而且开展了家庭劳动课，让学生积极参与家庭劳动。小叮当在家庭劳动月中学会了做好多事情，还被评为"劳动小能手"和"自律好少年"，小叮当因此变得更加自律了。

小叮当的爸爸和妈妈看着小叮当的变化，欢欣不已。

劳动小课堂

2020 年，中共中央、国务院发布了《关于全面加强新时代大中小学劳动教育的意见》，强调：劳动教育是中国特色社会主义教育制度的重要内容，直接决定社会主义建设者和接班人的劳动精神面貌、劳动价值取向和劳动技能特点。

劳动教育的本质特点就是生活教育，生活教育的核心内容就是让学生主动积极地参与劳动活动，担起青少年的责任，通过自己的双手"解锁"一项项生活技能，培养学生的劳动意识和自律意识。

其中，自律对中小学生有着重要的影响。自律有助于学生控制自己的

思想和欲望，谨慎对待自己的所思所行，进而避免有违道德的欲念和行为产生，促使学生严于律己，积极主动成就青春梦想。

那么，中小学生如何通过劳动教育养成自律的习惯、培养自律的作风呢？

1. 合理规划作息时间

我们在学习上取得好成绩固然需要天分，但是要想长期保持必须懂得自律的意义。只有高级自律才能创造高级人生，因此在学习中，我们需要确定学习目标，合理制定每日规划表，列出每日必做事项和作息时间安排，如观看新闻、完成写字练习、进行体育锻炼等。总之，在学习期间，同学

劳动 让我们更自律

们应当合理安排作息时间，积极主动地按时上课，在学习上不拖延、不放纵。

2. 坚持体劳教育

关注体劳教育，积极参与体育活动或劳动活动。利用空闲时间，同学们可以开展丰富多样的体育和劳动教育活动，如设立"体育运动周"挑战

活动，开展"整洁书桌大赛""打扫房间小能手""我为家人做道菜"等活动。

这些活动可以有效地帮助学生树立"劳动最光荣，劳动最崇高，劳动最伟大，劳动最美丽"的意识，提高学生的劳动技能，培养学生的劳动精神，促进"德、智、体、美、劳"五育并举。

3. 评价与反思

评价与反思是养成自律行为的重要环节。在这一环节，同学们可以根据老师、家长的评价和自我评价，找出自身不足之处以及成功或失败的原因，并总结经验和教训，确定下一步努力的目标，调整不良计划，更好地完成学习、劳动目标。

另外，学校和家庭可以组织一些常规性劳动比赛，并设置相应的奖项。例如，设立"劳动小能手"奖项，选出家庭劳动教育中表现突出的同学，对其进行奖励。这种活动有助于学生树立热爱劳动的榜样，引导学生主动积极地参与体劳活动，感受劳动的魅力。

"昼出耘田夜绩麻，村庄儿女各当家。童孙未解供耕织，也傍桑阴学种瓜。"从古代开始，人们就体会到了劳动的快乐。劳动既可以创造价值，也可以培养学生的自律意识。因此，我们应当从现在开始，用双手感悟劳动，创造美好生活，用自律赢得人生的果实。

劳动老师说

自律是一个人重要的优秀品质之一，培养自律意识是对我们意志力的考验。劳动教育作为新时代教育的重要内容，也是培养自律意识的重要途径之一。我们应该在劳动教育活动中不断磨炼自己的意志，塑造自律人生。

二　爱劳动，让我们学习更主动

小小导读站

一天早上，小叮当早早来到教室。他发现劳动委员小伟早已到了教室，并且开始细心擦拭每位同学的课桌。

小叮当问道："小伟，你怎么来这么早呀？"

小伟一边擦桌子一边说道："我要提前把同学们的桌子擦一遍，书桌干净了，同学们才能更愉悦，学习起来才更有精神！"

小叮当听完，敬佩感油然而生。他主动拿起抹布，和劳动委员一起认真擦拭着每一张书桌。

劳动小课堂

我国著名教育家陶行知曾经说过："人有两件宝，双手和大脑。双手会做工，大脑会思考。用手不用脑，事情做不好。用脑不用手，啥也做不好。用手又用脑，才能有创造。"习近平也曾在宁夏考察时说："幸福是奋斗出来的。"事实证明，只有劳动才能创造美好的生活。

没有马路上不辞劳苦的环卫工人，我们每天就看不到整洁的街道；没有老师的勤奋备课，我们每天就学不到渊博的知识；没有农民伯伯的辛苦劳作，我们每天就吃不到香喷喷的饭食……

作为中小学生，我们也许不能像环卫工人一样，让城市变得更美丽；不能像老师一样，孕育桃李芬芳；不能像农民伯伯一样，种植饱满的粮食。

但是，我们能够凭借自身的力量，用双手去感受劳动，亲自创造更美好的学习环境，为学习提供源源不断的动力。

1. 劳动种植园

由于园丁细心浇灌每一颗种子，春天繁茂的绿叶才能染绿大地。身为中小学生，我们一样可以用劳动的方式，亲手种下大自然的种子，并且每天辛勤浇灌，想方设法"唤醒"每一颗种子，感受种子的生命力量，等待种子发芽、生叶、开花、结果。

探索是成长的舞台，劳动是重要的课堂。在劳动种植的过程中，同学们能够深刻体会到植物的生机和活力，发现大自然中的美好，并体验到劳动的乐趣和生活的欢乐。每一颗种子都代表着一个希望，种子努力生根发芽，就是在鞭策学生们努力学习，朝着梦想勇往直前，永不放弃。

2. 家居劳动实践活动

生活就是课堂，劳动最光荣。对于中小学生来说，学习劳动技能很重要，但更为重要的是在生活中培养劳动习惯，养成良好的自主管理意识。

在生活中，我们要做到：自己的事情自己做，主动保持个人卫生，整理个人房间，清洗个人衣物；家里的事情帮忙做，积极帮助父母做饭、打扫卫生；学校的事情主动做，自觉保持良好的卫生习惯，维护校园卫生等。

爱劳动，学习更主动

通过生活中的劳动活动，学生更能体会父母、老师的艰辛，懂得美好生活来之不易，进而主动努力学习，珍惜身边人的劳动成果。

劳动是财富、幸福的源泉。中国人民通过坚持不懈的劳动，用汗水浇灌祖国的梦想，靠实干铸就祖国的辉煌，写下彪炳史册的奋斗诗篇，开辟民族复兴的光明前景。

"国家之前进在于人人勤奋、奋发、向上"，身为中华民族的一分子，我们共同肩负着实现国家富强、民族振兴、人民幸福的奋斗目标。因此，我们需要时刻弘扬劳动精神、"劳模"精神，树立以辛勤劳动为荣的信念，怀着劳动最光荣的思想，刻苦学习，为祖国的未来不懈奋斗。

劳动老师说

劳动是推动人类社会进步的根本力量。铁人王进喜、掏粪工人时传祥、航空报国英模罗阳、售票员李素丽……正是因为有千千万万这样积极劳动、无私奉献的人存在，我们的祖国才越来越繁荣富强。

无数个劳动者用自己的实际行动谱写出一首首动人的劳动赞歌，铸就了伟大的劳模精神，树立了光辉的学习榜样。我们身为新时代的青少年，更有义务发扬劳动精神，主动勤奋学习，用我们的双手和大脑创造未来，成就梦想。

三 心灵手巧，劳动让我们拥有创造力

小小导读站

小叮当妈妈的生日就要到了，他最近一直在想，要送妈妈什么礼物。爸爸看着小叮当愁眉不展的样子，给小叮当出了一个主意："比起外面买的礼物，我觉得你自己动手做会更能表达心意！"

小叮当听完茅塞顿开，他想起妈妈有次夸他做的玩具小熊特别可爱。于是，他在爸爸的帮助下，给妈妈做了一个玩具小狗，并在小狗的衣服上写上了妈妈的名字。

妈妈看到礼物后，感动地对小叮当说："谢谢宝贝，这是我收到的最好的生日礼物！"

劳动小课堂

高尔基曾说："世界上最美好的东西，都是由劳动、由人的聪明双手创造出来的。"

从四大发明到丝绸、瓷器，从三峡大坝到青藏铁路……从古至今，勤劳勇敢的中国人用自己的双手创造了伟大的祖国。

劳动可以创造历史。造纸、纺织、陶瓷、建筑等各项技术无一不是劳动人民勤劳的果实；《齐民要术》《梦溪笔谈》《天工开物》等著作所反映的无一不是劳动人民智慧的结晶。中国人通过双手创造的灿烂历史，让世界为之惊叹。

劳动可以创造未来。嫦娥一号、嫦娥二号和月球车玉兔让我们领略到了月球的风采；"两弹一星"、航空母舰让我们体会到了国家的实力；超级杂交水稻让我们看到了科技人员的魅力。劳动为我们创造了幸福生活，让我们对未来有了更美好的憧憬。

可以说，劳动就是人类创造力的源泉。人类在劳动中产生了各种需求，才创造了一个个伟大的奇迹。没有劳动，就没有我们如今的美好生活。

为此，我们应当积极投身于劳动创造，从劳动中体会创造的魅力，用双手创造劳动的果实。

材料　成品

贝壳若干
木棒两支
线若干

在生活中，我们可以通过劳动创造美好家园。在科技日益发达的今天，我们可以买到各种各样的生活用品、工艺品等。但是，与这些东西相比，自己动手创造的东西更加珍贵。

我们身边的每一件物品都可以变成漂亮的工艺品、实用的生活用品，如贝壳可以变成风铃，塑料瓶可以变成存钱罐等。亲自动手实践、创造，更能激发我们探索的欲望，给我们的生活带来更多的乐趣。

在学习中，我们可以通过劳动创造知识财富。"实践是检验真理的唯一标准"，课本上的知识都是劳动人民通过双手得来的经验。我们要想学会课本上的知识，就要从劳动开始，即亲自动手去实践，这样我们才能直观地了解每一个科学原理、每一个人生道理。

亲自探究蜡烛成像的原理，了解光影背后的世界；亲自感受电流的能量，了解关于电的原理；亲自种植植物，观察其生长过程，了解植物生长的秘密等。我们只有用双手去感受，才能体会到劳动带来的创造灵感，才

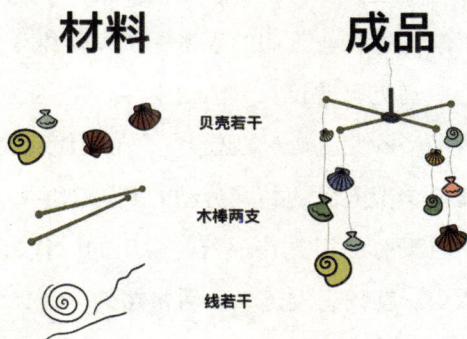

能深刻理解劳动是如何创造世界的。

在社会中，我们可以通过劳动创造未来蓝图。只有亲身实践，我们才能懂得父母工作的艰辛；只有亲身经历，我们才能知道清洁工人的辛苦；只有亲身体会，我们才能了解建筑工人的辛劳……当我们亲自投入劳动之中时，我们才能体会到劳动带给我们的幸福生活。

身为中小学生，我们虽然没有能力进入社会工作，但是我们可以积极参与社会劳动，亲自感受清洁工作，感受父母的日常工作，体验社会工作，了解各行各业人们的艰辛，进而懂得今天美好生活的来之不易。

马克思曾说："人之为人，正因为劳动，是劳动创造了人，如果远离劳动，必然造成人的退化。"在现代社会，想要实现自我理想，实现中国梦，需要全国人民的共同劳动、共同创造。

勤劳的祖先在艰苦、落后的时代，用劳动为我们创造了五千年的辉煌历史。在信息发达、生活富裕的今天，我们更应该众志成城，用辛勤劳动、诚实劳动、创造性劳动去唱响新时代之歌，唱响中华民族伟大的梦想！

劳动老师说

习近平总书记在第十三届全国人民代表大会第一次会议上的讲话中曾说："实现中国梦，创造全体人民更加美好的生活，任重而道远，需要我们每一个人继续付出辛勤劳动和艰苦努力。"实现中国梦依靠的是每一个人，归根结底，依靠的是每一个人的劳动。唯有劳动，才能点燃创造力，点亮中国。

请同学们仔细想一想，在筑梦的过程中，你曾经见过哪些感人的劳动事迹，他们用劳动创造了什么样的景象？对此你有何感触？

四　集体劳动教会我们团结协作

小小导读站

秋天，小叮当的学校组织了一场别开生面的"环境卫生保卫战"活动，每个班级在老师的带领下，朝着各自的卫生区进发。

到了卫生区，同学们听从班委的指挥，有的拿起扫把扫地，有的捡拾绿化带的垃圾，有的清除墙壁上的脚印……大家"各司其职"，只用了一上午就把卫生区打扫得干干净净。最后，小叮当的班级荣获"环境卫生保卫战"冠军，校长亲自将流动红旗交给了班委。同学们看着鲜艳的红旗都很开心。

劳动小课堂

雷锋同志曾经说过："一滴水只有放进大海才永远不会干涸，一个人只有把自己和集体事业融合在一起的时候才能最有力量。"

中国的日益强大离不开团结协作。载人航天工程包括了飞船、火箭、测控通信等七大系统，涉及自动控制、空间科学、力学等众多领域。载人航天飞船能够顺利升空的背后，是无数火箭、飞船研制者、发射场、着陆场建设者、上千个试验、协调配合单位等的团结协作。

中国粮食产量日益增长离不开团结协作。2020 年 10 月，袁隆平团队双季稻晚稻亩产 911.7 千克，早稻加晚稻实现亩产 1500 千克的目标。这一重大喜讯背后，是众多科研人员的日夜研究奋斗，是无数农民共同播撒的辛苦。餐桌上的一粥一饭凝聚的是无数人团结劳动、共同协作的汗水与智慧。

　　一个集体如果缺乏团结协作精神，那么这个集体就如同一盘散沙，一倾斜就会顺势而落。而如果集体有了团结协作精神，那么这个集体就如同一把锋利的宝剑，可帮助我们成功到达彼岸。我们每个人的力量都是有限的，但是聚在一起就可以组成一个优秀的集体，进而产生无穷的动力，铸就无限辉煌。

分工合作，团结就是力量

　　团结协作精神渗透在集体的各个方面。

　　在校园活动中，团结协作精神能够帮助我们赢得荣誉。运动会考验的是同学们的合作能力。大家只有心往一处想，劲儿往一处使，动作协调才能赢得拔河比赛；只有默契配合，才能赢得接力比赛；只有每个人都努力

发挥特长，才能获得冠军。

在学习中，团结协作能够帮助我们共同进步。由于学科特点和学生个体的差异，使每位学生的成绩表现出一定的差异。同学们只有互帮互助，共同攻克学习上的难关，解决学习上的难题，才能共同进步，取得佳绩。

在生活中，团结协作能够帮助我们快乐成长。"人心齐，泰山移。"我们在做一件事的时候，需要有人在背后默默地支持和鼓励。我们只要能够齐心协力，互帮互助，就没有什么困难可以将我们打倒。

"单丝不成线，独木不成林。"这说明个体离不开集体，集体也离不开个体，只有个体相依相靠，凝聚成集体，才能充分体现其价值和意义。

俗语说"众人拾柴火焰高"，作为社会的一分子，我们要学会团结合作，共同将"火苗"凝聚成具有强大力量的团结之火，让这团火燃烧得更加旺盛。让我们从现在开始，行动起来，融入集体，感受集体的力量，体会集体的温暖，为集体贡献一己之力，让集体的光辉永不消散。

劳动老师说

社会是一个大家庭，我们每个人都是这个大家庭中的一分子。只有每个人都拥有团结、互助、协作的优秀道德品质，这个大家庭才能凝聚起强大的力量，担起建设祖国的重任。作为新时代的中小学生，我们在努力学好科学知识的同时，更应该和同学、老师、家人团结友爱、互帮互助，共同为社会和谐发展贡献力量。

五　劳动让我们学会时间管理

小小导读站

小叮当的妈妈除了工作，还要照顾小叮当、做家务。虽然妈妈每天都有很多事情要做，但是总能让小叮当吃到热乎乎的饭菜，能穿上干净、舒服的衣服。小叮当疑惑地问妈妈："妈妈，您怎么这么厉害！您是不是有三头六臂啊？"

小叮当妈妈笑着说："我只不过是会时间管理而已。"

小叮当听完，自己嘀咕道："时间管理？时间还能管理吗？"

劳动小课堂

教师、医生、清洁工、学生……每个人在社会上都有不同的身份，每天都需要完成不同的劳动。不过，在劳动的过程中，我们都被一种共同的资源支配着，那就是时间。

时间是个严厉的"工头"，如果我们不能在有限的时间内完成所有事情，我们便会受到一定的惩罚。

那么，如何在有限的时间内完成所有事情，让我们免受惩罚呢？答案就是时间管理。

时间管理就是通过事先规划并运用一定的技巧、方法与工具实现对时间的灵活及有效运用。通过时间管理，我们能够把最多的时间花在最重要的事情上，并且能在恰当的时间，把所有的事情处理好。

例如，妈妈每天完成工作后，回到家里还要洗衣、做饭、浇花等。如果妈妈因为事情多而慌乱，那么就有可能一件事情都做不好。但是，如果妈妈事先制订计划，先把衣服放进洗衣机清洗，然后开始蒸米饭，接着用淘米水浇花，那么就能高效地完成所有的事情。

其实，劳动本身就是时间管理的工具。在劳动的过程中，我们为了完成各种任务而去制订计划，安排时间，这实际上就是在时间管理。

那么，作为一名中小学生，我们到底该如何管理时间呢？

管理时间很简单，只需要四步。

第一步：收集任务

首先，我们需要把所有要做的事情，不论大小、轻重都收集到一起，形成任务清单。

例如，我们正在背英语单词，这时候数学老师让你下午 3 点去办公室。那么，你可以先将去办公室这件事情收集到任务清单里，然后继续背单词。

第二步：判断

将所有的事情都收集完毕后，我们需要做一个判断：哪些事情必须要做？哪些事情不太紧急，可以缓一缓再做？

最简单的方法就是把事情划分成四类：重要且紧急、重要但不紧急、不重要但紧急、不重要也不紧急。

分完类别后，我们就知道了处理
事情的先后顺序：重要且紧急的事情
马上解决；重要但不紧急的事情考虑
去做；不重要但是紧急的事情选择去
做；不重要也不紧急的事情尽量不做。

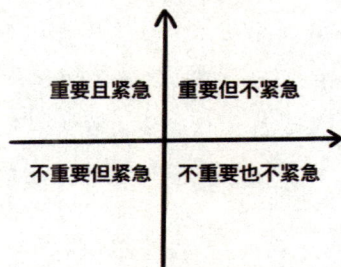

重要且紧急　　重要但不紧急

不重要但紧急　　不重要也不紧急

第三步：分配

将事情分门别类，厘清先后次序后，我们还需要将事情放入三个待办清单中，即当日完成清单、项目清单、未来也许清单。

当日完成清单记录当天必须要处理的事情，如默写课文、背诵单词等；项目清单记录近期需要完成的事情，如做植物生长过程表、通过期末考试等；未来也许清单记录的是你想要去做的事情，如去动物园、爬山等。

第四步：执行

"千里之行，始于足下。"时间管理也是如此，最关键的一步就是执行。确定好任务清单后，我们就要根据清单内容逐一完成任务。

这时，我们需要专注执行的其实就是一份"当日完成清单"。在执行过程中，要在最高效的时间内，做最重要的事情，并且一次只完成一件，然后再进行下一件。

我们通过时间管理可以掌控自己的人生，只有学会系统地管理时间，才会更快地成长，更快地达到目标。因此，我们要从现在开始，做时间的主人，学会掌控自己的人生。

劳动老师说

1分钟可以干什么事情？会计能数300张人民币，高速火车能行驶1980米，飞机能飞行18千米，全自动化超高速口罩生产线能产出1000片口罩……1分钟能干的事情有很多。时间就像海绵里的水，若要挤，总能挤出水来。同学们要做的就是利用好生命里的每一分钟，让每一分钟都过得很充实。

第三章

日常生活中的劳动技能

- 个人卫生，个人负责
- 整理和布置自己的房间
- 校园卫生，我们来维护
- 洗衣、做饭其实并不难
- 家务事，我们也可以负责

一 个人卫生，个人负责

小小导读站

周末一大早，小叮当的妈妈就把小叮当叫了起来。小叮当揉揉惺忪的睡眼，无精打采地说："妈妈，好不容易周六了，您让我再睡会儿吧！"

妈妈看着小叮当，假装生气地说："昨天晚上是谁说要早早起来搞好个人卫生的，我们可是约法三章过哟，个人卫生个人要负责到底的！"

小叮当听后，连忙从床上下来，开始完成自己的任务。

劳动小课堂

个人卫生是指个人大脑、身体、手脚等身体部位的卫生。个人卫生对每个人的身体和心理健康都起着非常重要的作用。中小学生要从小养成良好的卫生习惯，以增强体质，愉悦身心。

根据身体部位来划分，个人卫生可以分为用脑卫生、用眼卫生和身体卫生三部分。

1. 用脑卫生

中小学生的大脑正处于发育阶段，与成人相比，很容易受到外界刺激，进而过度兴奋或过度疲惫。如果违反大脑活动规律，致使大脑发育不成熟，轻者会导致注意力不集中、思维迟钝、头昏脑涨，重者会导致头痛失眠、精神萎靡、记忆力衰退、神经衰弱，会严重地损害身体健康。

在日常生活、学习中，中小学生要做到以下几点。

1）吃好早餐

不吃早餐会导致大脑营养供应不足，影响大脑发育。中小学生应当养成吃早餐的习惯，并保证早餐营养充足。最好每天早上喝一杯鲜牛奶，因为牛奶中不仅含有丰富的蛋白质，还含有大脑发育所必需的卵磷脂。

2）保证充足的睡眠

睡眠不仅可以使大脑皮层细胞免于衰竭，补充能量，还能平衡大脑皮层的兴奋、意志过程，增强记忆力。中小学生每天应当保证不少于 8 小时的睡眠时间，睡觉时不要蒙头，以免被子内的二氧化碳浓度升高后导致大脑供氧不足。

3）饮水充足

研究发现，饮水不足是加快大脑衰老的重要原因之一。中小学生应当保证每天至少饮用 8 杯水，以满足身体需要，促进大脑发育。

2. 用眼卫生

眼睛卫生问题是中小学生重要的身体问题，应当加以重视。眼睛受到损害，轻则影响视力和学习，重则影响智力发育和未来择业。

保持用眼卫生，中小学生应牢记以下几点：

（1）书写、阅读时，眼睛和书本的距离保持一尺距离。

（2）不在光线过强、过暗的环境下看书，不在晃动的车、船上看书，不直视光线过强的发光体（太阳、灯泡等），不躺着看书。

（3）坚持做眼保健操（做眼保健操过程中使用正确的姿势）。

（4）不用脏手揉眼睛，不乱用护眼药物。

3. 身体卫生

保持身体清洁可以有效消灭细菌，预防卫生疾病。中小学生在日常生活中应当做到以下几点。

（1）早晚用流水洗脸，不和别人共用毛巾、脸盆等洗漱用品。

（2）勤刷牙，保护牙齿。吃过东西要漱口；不吃过冷过热或刺激性食物；睡前不吃东西；患牙病后及时治疗。

（3）勤洗手，注意用手卫生。饭前便后要洗手；劳动或触摸脏东西后要洗手；触摸传染病人的东西后及时洗手；从公共场所回家后及时洗手。

（4）勤洗澡，勤换衣裤，勤理发。

（5）勤剪指甲，建议每周剪一次指甲。

（6）注意护耳。避免接触噪声；不要随便挖掏耳朵；慎用药物。

（7）保持鼻子卫生。清洗鼻腔，建议用冷水清洗；保持鼻腔湿润；不能经常用手乱挖鼻孔；克服不良卫生习惯。

（8）保持饮食卫生。不吃没有卫生保障的食物，不吃没有清洗干净的食物，不喝生水。

（9）每天坚持适当的体育锻炼，增强体质，保持良好、充沛的精力。

劳动老师说

中小学生正处于身体发育和学习文化知识的最佳阶段，父母都希望其能够身体好、学习好，未来学有所成，成就自己的一番事业。因此，在这个阶段，中小学生需要更加强健的体魄和聪明的头脑。而这一切都建立在良好的个人卫生习惯基础之上，所以，中小学生要从现在开始，养成良好的生活习惯。

二　整理和布置自己的房间

小小导读站

小叮当搞好个人卫生后，感觉浑身舒畅，精神抖擞。他看到妈妈正在整理他的房间，连忙走过去帮忙。

妈妈欣慰地看着小叮当，高兴地说："哎呀，真是长大了，都开始帮助妈妈了。"

小叮当挠了挠头，说道："我自己的房间本来就应该我自己整理，是我以前太懒惰了，每次都让您替我收拾。我要学会自己收拾屋子，这样就能帮您多分担一点家务了。"

妈妈笑着摸了摸小叮当的头，说道："好呀，那我们现在就开始整理和布置你的房间吧！"

劳动小课堂

很多同学外表看上去干净整洁，但是自己的房间却一片狼藉。书桌上吃的、喝的、用的什么都有；床上衣服、袜子、玩具、书到处都是；地上纸屑、果皮也随处可见。总之，要多凌乱就有多凌乱。

很多同学认为，只要收拾好个人卫生，这些都不算什么，其实不然。良好的卫生习惯不仅包括个人身体卫生，还包括个人生活卫生。如果我们不能保持良好的生活卫生习惯，没有一个整洁、干净的生活环境，那么我们的身体健康也会受到一定的影响，并且还会影响我们未来的行为作风，

学会自己叠被子

甚至是工作成就。

其实，收拾房间并没有想象中那么难，只要用心记住几个小技巧，你的房间也能焕然一新。

1. 巧用储物箱

如果你的房间什么东西都有，显得非常凌乱，不妨尝试着找几个储物箱，然后在储物箱外面贴上物品分类标签，如零食箱、药物箱、学习工具箱等。然后，把零碎的东西分门别类地装进不同的箱子。之后，再将这些箱子放置整齐。这样，我们的房间看上去就会更加整洁，也更容易取用物品。

需要注意的是，收纳完成之后，下次取用完相关物品，一定要记得将物品回归原处，否则几天后你的房间又会杂乱不堪。

2. 分区整理

房间也可以分成不同的区域，如休息区（卧床）、学习区（书桌）、衣物区（衣柜）等。我们在整理房间时可以按照不同的区域进行整理，把所有的东西分类别放到所属区域，并进行擦洗、清扫，这样我们的房间看起来就会井井有条，非常整洁。

3. 处理垃圾

在收拾房间之前，我们可以先准备一个比较大的垃圾袋，然后巡视整个房间，把不需要的东西都清理干净。对于自己用不到，但是完好无损的东西，可以选择捐赠出去，如不穿的衣物、不玩的玩具等。不要小看这个技巧，它能让你的房间看起来更加整洁。

4. 清洁地面

大多数房间显得杂乱无章，最主要的原因就是地面脏。清洁地面时，先要清理地面上的杂物和灰尘，然后用拖把拖地面。

5. 房间摆放

合理摆放房间物品在很大程度上可以给你的房间加分，还有助于营造舒适的生活氛围。在给房间划分区域、分门别类的基础上，我们可以发挥自己的想象力，给自己的房间增添一些美观、大方的摆设。如在书桌上放置一盆绿植，在墙上挂一幅自己喜欢的画等。

如果平时把东西乱丢、乱放，等屋子乱糟糟的时候再收拾，那么将非常耗费力气。怎样做到平时就保持干净、整洁呢？那就是记住物归原处。

当你用完某件东西后，一定要把它放回原来的地方。我们的房间之所以乱七八糟，就是因为太多东西都离开了它们本来的位置。

劳动老师说

　　生活中，父母总是习惯用各种方式给予我们无微不至的关心和照顾，所以很多同学都成了"饭来张口，衣来伸手"的"小皇帝"或"小公主"。但是，身为一名中小学生，我们应该从小就懂得自己的事情自己做。同学们，认真思考一下，平时哪些事情是父母帮你做的？从现在开始，自己动手去做吧！

三　校园卫生，我们来维护

小小导读站

　　周一早上，小叮当的学校召开了一次校园卫生动员会。老师告诉同学们，学校是学生和老师共同的家，我们有义务维护好这个大家园，让我们的家园每天都干净、整洁。

　　小叮当对此深有感触，他下定决心要爱护和维护校园。不过，小叮当的校园太大了，一时间竟不知道从何处开始维护。

劳动小课堂

　　校园卫生是学校的一项重要工作，也是整所学校的形象工作。管理和维护好学校的卫生是全体师生应尽的义务。为了美化校园，给老师和学生创造一个舒适的工作、学习环境，中小学生应当从以下几个方面维护校园卫生。

1. 校园公共区域卫生维护

　　校园公共区域应当分片管理。每个班级负责不同的卫生区域，执行"每天两小扫，每周一大扫"（各学校可根据实际情况进行变更），全面负责卫生区的清洁、保持工作。

　　各卫生区的卫生应当符合以下标准：

　　（1）地面干净，无果皮、纸屑、塑料袋、树枝、烟头、石块等杂物；

　　（2）绿化带、花坛内无杂草、枯树叶、枯树枝、塑料袋、零食袋等杂物；

维护校园整洁

（3）垃圾桶摆放整齐，外表保持清洁无污垢；

（4）卫生区内宣传栏、张贴物、垃圾箱、知识牌、警示牌等表面无浮灰；

（5）卫生区内无明显卫生死角。

2. 教室卫生维护

教室要保证每天打扫，打扫次数根据具体情况确定。确保每天都有值日生，并保证值日生数量均衡。

每个班级的教室卫生标准如下：

（1）先扫后拖，做到地面清洁，无纸屑、尘土、污物；

（2）室内门窗玻璃齐全，窗明几净；

（3）桌椅摆放整齐，书桌上面和书桌内干净整洁无异味，学习用品摆放整齐；

（4）讲台干净整洁，物品摆放有序，黑板清洁无积灰，粉笔槽无粉笔末；

（5）扫帚、废纸篓、畚斗、拖把等清洁卫生器具摆放整齐，垃圾桶

及时清空；

（6）走廊干净卫生，墙壁无污迹脚印，无乱写乱画痕迹；

（7）前后门无污渍、灰尘；

（8）天花板无蜘蛛网，角沿无灰尘。

3. 教学卫生维护

教学过程中，师生应当遵守以下卫生规定：

（1）课桌凳、黑板、讲台、灯光照明符合卫生要求标准；

（2）课程安排要有利于学生健康，符合学生用眼要求，严格控制课时、课外作业和考试次数，不能增加学生的学习负担；

（3）文明教学和学习，衣着整洁、仪表端庄，不准穿拖鞋、短裤、背心或奇装异服进入课堂；

（4）板书要公正，讲课声音要适中；

（5）上课时不对着他人咳嗽、打喷嚏，不抽烟；

（6）上课坐姿要端正、自然，书写时头正背直，眼睛距离纸面一尺左右；

（7）定期调整座位，防止学生斜视；

（8）禁止随地吐痰，禁止乱扔果皮、纸屑、烟蒂，禁止在办公楼、教学楼、宿舍楼的通道及公共场所堆放废弃物和生活垃圾；

（9）严禁向窗外倒水、倒剩茶、乱扔杂物。

劳动老师说

养成良好的卫生习惯，应努力做到"六勤""六不"。"六勤"指：勤刷牙、勤剪指甲、勤理发、勤洗澡、勤换衣、勤晒被褥。"六不"指：不喝生水，不吃不洁变质食物，不吸烟、酒，不乱用毛巾、茶杯，不随地吐痰，不乱扔果皮壳、纸屑等杂物。

四 洗衣、做饭其实并不难

小小导读站

小叮当回家后，发现妈妈正在厨房做饭。他本来想吓妈妈一下，却看到妈妈靠着墙壁，一脸的疲累。他心疼地对妈妈说："妈妈，您今天工作了一天，是不是很累呀？要不我帮您做饭吧！"

妈妈拍了拍小叮当的肩膀，说道："小叮当真是妈妈的贴心宝贝，不过做饭太危险了，而且现在你还小，也不会做，等长大了再说吧。"

小叮当抱着妈妈说："妈妈，我已经是四年级的学生了，我已经长大了，再说了，不会才要学习呀！"

小叮当妈妈看着小叮当信心满满的样子，答应了小叮当的请求，两人立刻动手做了起来。

劳动小课堂

洗衣做饭是父母天天都在做的事情，我们从出生开始，就穿着他们洗的衣服，吃着他们做的饭。但你有没有过这样的想法：帮助父母洗衣、做饭，让他们可以一起床就穿上干净的衣服，一回家就吃上热气腾腾的饭菜？

很多同学可能会说："洗衣、做饭太麻烦了，我们年纪还小，不知道怎么做。"其实，洗衣、做饭并没有想象中那么困难。我们只要用心去学，就会发现这些事情我们也可以做好。

1. 清洗衣物

在我们的日常生活中，有很多衣物容易滋生细菌。例如，长期处于阴暗、潮湿环境中的毛巾，容易滋生大量的金黄色葡萄球菌；直接接触身体的内衣每天大约会沾染上 1/10 克粪便或分泌物，进而滋生细菌；沾有汗液的衣物如果不及时清洗，不但会散发出酸臭的气味，还会成为金黄色葡萄球菌的温床等。

由此可见，经常换洗衣物是很有必要的。那么，我们应当多久清洗一次衣物？衣物整洁的标准又是什么呢？

1）T 恤、贴身运动服、袜子和丝绸衣物

T 恤、贴身运动服、袜子和丝绸衣物沾染汗液后很容易滋生细菌，因

洗衣服

此最好每次穿后都洗一次。

清洗袜子时水温不宜超过 40℃，否则袜子会硬化、缩水；丝绸衣物耐光性很差，清洗后不要在阳光下暴晒，应当放到阴凉通风处晾干。

2）睡衣

睡衣穿着 3~4 次后应当清洗一次，如果长期不洗，那么皮肤脱落的细胞或微生物就会大量堆积在睡衣上，影响我们的身体健康。

清洗时最好以冷水手洗，并放在阴凉通风处晾干。

3）牛仔裤

牛仔裤建议穿 4~5 次后清洗一次，清洗时应当将牛仔裤翻过来用冷水洗，最后悬挂在阴凉通风处晾干。

4）羽绒服、羊绒大衣、皮衣

冬装类衣物通常在冬季结束时清洗一次，如果清洗太勤会降低衣物的保暖性能。

清洗羽绒服时先用冷水浸泡 30 分钟，然后使用中性洗衣剂清洗；清洗羊绒大衣时最好去专业的洗衣店进行清洗；皮衣如果没有明显污渍，可以用布沾苏打水轻轻擦拭（切记过度清洗会导致衣物发霉）。

2. 准备三餐

一日三餐是中国人的生活习惯。其实，我们一天要吃三餐饭不只是为了填饱肚子或者解馋，其主要目的是保证身体的正常发育和健康。一日三餐选择什么食物，怎样调配，采用什么方法烹调都有一定的讲究。

一般来说，三餐应满足以下要求。

早餐既要注意数量，还要注意质量。一般选用淀粉含量高的食物，如馒头、豆包、包子等。还要适当增加蛋白质比较丰富的食物，如牛奶、豆浆、鸡蛋等，这些食物可以让我们体内的血糖迅速升高，进而精神振奋、精力充沛。

午餐应当多食用质量比较高的食物。主食可以选用米饭、馒头、发糕等食物，副食可以食用鱼类、肉类、蛋类等富含蛋白质和脂肪的食物，还要吃一些富含维生素的新鲜蔬菜。

晚餐应当少吃，并且以清淡、容易消化、富含纤维和碳水化合物的食物为主，如蔬菜、面条、清粥等。此外，晚上大多数人的血液循环较差，因此可以选用一些天然的热性食物来调节身体，如辣椒、咖喱等。

劳动老师说

很多事情做起来并不困难，困难的是勇敢去尝试。做饭也一样，当你勇敢去尝试之后，就会发现，做饭其实是一件很简单的事情。为了印证这个说法，今天我就来教大家做一道菜。

西红柿炒鸡蛋

材料：西红柿1个、鸡蛋2个、盐少许。

步骤：

（1）把西红柿洗净，切成块；

（2）将鸡蛋打入碗中，放入少许盐打散；

（3）锅烧热，加油，把鸡蛋炒成散块，盛出；

（4）锅中放油，倒入西红柿翻炒出汁，放入炒好的鸡蛋继续翻炒，最后放少许盐（喜欢甜食的还可以加入少许糖），盛出装盘。

五 家务事，我们也可以负责

小小导读站

周六，妈妈让小叮当当一天妈妈，体会一下"妈妈的一天"是如何度过的。小叮当怀着好奇心开始了他的"妈妈"体验。

一大早，小叮当就开始准备早餐，然后收拾屋子，扫地拖地，干完这些马上开始做午餐。午餐结束后，小叮当刚要休息，妈妈又提醒他该洗衣服了。洗完衣服，小叮当很累，休息了一会儿，又开始去做晚餐。

好不容易一天过去了，小叮当累得瘫倒在沙发上。他有气无力地说："妈妈，原来做妈妈这么累呀，我以后再也不调皮了，我要帮助您一起做家务，这样您就不会这么累了。"

妈妈听完，欣慰地笑了。

劳动小课堂

从清晨起床吃饭到晚上洗漱睡觉，我们一整天都在享受父母的劳动成果，自出生起便是如此，因此感受不到父母一天的辛苦。诚如小叮当的体验，只有经历过才知道家务事非常繁杂，做一天下来真的会疲惫不堪。

家务事，顾名思义是一家人的日常事务，而我们身为家庭的一分子，自然也有义务参与家务事，用双手为整个家庭贡献一份力量。

1. 家务事内容

家务事非常繁杂，种类也很多。就普通家庭而言，家务事通常包括三类：一是日常事务，二是定期事务，三是不定期事务。

日常事务包括买菜、料理、做饭、洗碗筷等厨房事务，还有打扫厕所卫生、房间卫生、厨房卫生等事务，以及洗衣服、养花、养鱼、擦玻璃、消毒灭菌等杂务。

定期事务包括处理燃气、暖气、有限网络等事务。

不定期事务包括水、电、气检修维护及缴纳费用，理财，购买保险等

帮忙做家务

事务。

2. 家务事处理技巧

1）分清轻重缓急

家务事看起来烦琐，但是有一定的规律。从一家人早上起床到晚上睡觉，中间夹杂着做饭、洗衣服、整理房间、扫地等各种各样的事情，此时应先处理日常必须做的事务，如做饭、洗碗、送孩子上学等，而洗衣服、擦玻璃等这些不太紧要的事务则应放在空闲时处理。

2）冷静处理紧急事务

在日常生活中，不免会发生紧急事务，如早上堵车迟到、突然生病不能上课等。遇到这些紧急事务时，越慌乱越会出错。正确的做法应该是，静下心来，冷静分析实际情况，积极求助身边的人，找到更加合适的处理方法。

3）同心协力，互帮互助

家庭是一个密不可分的集体，这个集体中的每一个人都有属于自己的责任。一个和谐、温馨的家庭中的成员应当互帮互助，不懒惰，不拖延，大家共同为家庭事务出谋划策，贡献力量，这样一来，一家人的关系才会更加和谐融洽。

劳动老师说

"香九龄，能温席。孝于亲，所当执。"我们从小就学习的《三字经》告诉我们，要对父母尽孝道，永不放弃父母。但在现实生活中，很多同学连挤牙膏都让父母代劳，这种做法显然违背了《三字经》中讲授的道理。中小学生要帮助父母承担家务，尽到做子女的职责！

第四章 学习生产劳动技能

- 生产劳动从小手工制作开始
- 认识各种基本生产工具
- 使用电器，从了解用电常识开始
- 小园丁，学习简单的种植技术

一 生产劳动从小手工制作开始

小小导读站

小叮当在小区楼下看到别的小朋友在玩玩具赛车，他看得十分心痒。回家后，小叮当便缠着爸爸，想让爸爸也给他买一个玩具赛车。

爸爸告诉小叮当："外面买的玩具赛车虽然很好，但是没有新意。不如我们找些材料自己做一个吧。你想想看，拿着自己做的赛车出去玩，其他小朋友肯定会夸你聪明的！"

小叮当一想，自己做赛车听起来好像挺酷的。于是，他和爸爸开始搜集材料，准备亲手制作一个独一无二的玩具赛车。

劳动小课堂

《中华手工》一书介绍："先人的手会打制工具，便使人开始了改造世界的工作，因此，有人说'用双手创造世界'。手工就是从手出发，农耕文化就是在土地上发生的春耕秋收的农事。"

天有时，地有气，材有美，工有巧。手工是一种至真至美的工艺。英国著名艺术家 W. 莫里斯曾说："历史悠久的传统手工艺是人类智慧的结晶，是宝贵的艺术遗产。在资本主义大工业生产和先进的科学技术浪潮下，手工艺不仅不应被消灭，而且还应该得到继承和发展。"

中国是世界上最早应用陶器的国家之一，祖先们用陶土和瓷土为原料，经配料、成型等流程制成的陶瓷有着极高的实用性和艺术性，因此备受世

人推崇。

还有闻名遐迩的景泰蓝，它不仅是备受青睐的"国礼"，还受到了全世界人们的喜爱。据研究，景泰蓝诞生于皇宫，因为在明朝景泰蓝年间盛行，使用的珐琅釉多以蓝色为主，因此被称为"景泰蓝"。

除了这些传统手工外，现在还有很多不知名的手工艺人，他们善于利用生活中的废料，能将废料加工变成一件件精致的工艺品。

手工并不是一项复杂的工艺，你只要有制作的兴趣，就可以将任何东西变成有趣的手工艺品。下面我们不妨来做几个简单、有趣的小手工。

1. 创意人偶

手工材料：鸡蛋壳、彩色卡片、贴纸、剪刀、彩笔、胶水、零散装饰品。

操作步骤：

（1）用剪刀把彩色卡片剪成半圆形，用胶水将卡片制作成帽子。

（2）将一个完整的鸡蛋壳晾干，用彩笔在蛋壳上画出眼睛、鼻子、嘴巴、胡子。

（3）等鸡蛋壳上的颜料干透后，在蛋壳表面贴上贴纸，作为人偶的衣服。

（4）发挥自己的想象力，给人偶制作不同的衣服和帽子。

2. 存钱罐

手工材料：剪刀、胶水、塑料瓶、装饰品。

操作步骤：

（1）用剪刀将塑料瓶中间一段剪下来；

（2）用胶水将塑料瓶的首尾两端粘在一起；

（3）在瓶身喷上你喜欢的颜色；

（4）用剪刀在瓶身剪出一个可以放进硬币的小口；

（5）为存钱罐加上装饰品。

3. 人手面具

手工材料：彩色卡片、剪刀、胶水、铅笔、油性笔。

操作步骤：

（1）将一张 A4 纸对折，把手放在对折后的纸上。手可以摆出任意有趣的造型。

（2）沿着手用铅笔画下模型，然后用剪刀沿着模型边缘将其剪下来。

（3）打开剪好的卡片，放在脸上比一下，找到眼睛的位置，用铅笔画两个比眼睛稍大的图形，然后用剪刀剪开。

（4）将一张 A4 纸竖着对折，然后对半剪开，在纸上涂胶水，从左下角开始卷起，作为固定面具的把手。

（5）用油性笔勾画手的外轮廓，然后将一些指甲大小的纸片贴在指尖位置，还可以在眼睛位置画一些睫毛，或涂上自己喜欢的颜色。

（6）用胶水将面具和把手粘在一起。

劳动老师说

传统手工艺不仅代表了民间艺人数千年来的勤劳和智慧，还代表着中华民族的文化传承和脉络，它是中国最鲜明的国际"名片"。

以陶土和瓷土为原料，经配料、成型等流程制成的陶瓷，精妙绝伦的木雕，绚烂多姿的景泰蓝，栩栩如生的刺绣艺术……每一件手工艺品都是中华文化的瑰宝，都值得我们去传承和保护。

二　认识各种基本生产工具

小小导读站

　　小叮当和爸爸一起找到好多可以用来制作赛车的材料，他兴奋得手舞足蹈，急切地让爸爸赶紧开始制作赛车。

　　爸爸不慌不忙地说道："别着急，要想制作赛车，我们还需要一个工具箱。"爸爸从书房搬出来一个工具箱，打开让小叮当看。

　　小叮当看着各种各样的工具，疑惑地问："爸爸，这些工具都怎么用呀？好多我都不认识。"

　　爸爸耐心地说道："别着急，我们一个一个地来认识它们。"

劳动小课堂

　　在日常生活中，无论是修理电灯还是装订东西都会用到一些基本的生产工具。但是，中小学生在生活中用到这些工具的机会很少，因此很多同学都对这些工具不太了解。为了更好、更快地完成手工，或者帮助父母修理东西，我们有必要认识一些基本的生产工具，并了解它们的用法。

1. 钳子

　　钳子是用来夹断或夹住东西的工具，它的外形一般呈 V 形，包括手柄、钳腮、钳嘴三个部分。

　　按照钳子的功能划分，钳子可以分成尖嘴钳、剥线钳、管子钳等。

　　尖嘴钳又叫修口钳，可以剪断比较细的金属线，它是电工常用的工具。

剥线钳是内线电工、电动机修理工、仪器仪表电工常用的工具之一，用来供电工剥除电线头部的表面绝缘层。利用剥线钳可以将被切断的绝缘皮与电线分开，还可以防止触电。

管子钳是一种用来夹持和旋转钢管的工具。按照承载能力、重量、款式等来划分，管子钳可分为多个种类，多用于石油管道和民用管道安装。

2. 剪刀

剪刀是用来剪纸、布、线、绳等片状或线状物体的工具。我们在生活中经常可以用到它。同学们在使用剪刀时要注意安全，不要被伤到。

3. 螺丝刀

螺丝刀是一种用来拧转螺丝的工具，通常有一个薄楔形头。常见的螺丝刀有一字螺丝刀、十字螺丝刀、六角螺丝刀等。

钳子　　　　**剪刀**　　　　**螺丝刀**

4. 扳手

扳手是一种常用的安装与拆卸工具，通常用碳素结构钢或合金结构钢制造，在其柄部的一端或两端制有夹持螺栓或螺母的开口或套孔，使用时只要在柄部施加外力，就能拧转螺栓或螺母。

根据用途的不同，扳手可以分为活扳手、梅花扳手、两用扳手、快速扳手等。

活扳手的开口宽度可以在一定的尺寸范围内进行调节，它能拧转不同规格的螺栓或螺母。

梅花扳手两端具有带六角孔或十二角孔的工作端，适用于在狭小空间工作。

两用扳手的一端带有固定尺寸的开口，另一端与梅花扳手相同，两端可以拧转相同规格的螺栓或螺母。

快速扳手中央具有换向盘容腔，且腔壁周布有齿圈的基座，齿圈上部为齿盘腔。

5. 锤子

锤子是用来敲打物体，致使物体移动或变形的工具，可用于敲打钉子，矫正物体位置或将物体敲开。常见的锤子由把手和顶部组成，顶部的一面是平坦的，以便敲击，另一面是锤头。锤头有的为羊角形，有的为楔形，有的为圆头形。

按照用途划分，锤子可以分为橡皮锤、羊角锤、圆头锤和石工锤。

橡皮锤的一端是硬面钢制的，另一端是软面的，主要用于修整微小的凹陷，或修理铬钢件以及其他精密部件。

羊角锤的一头是圆的，一头扁平向下弯曲并且开 V 形口，主要用于起钉子。

圆头锤主要是在非平整的物体上使用，如用圆头锤在坑里钉钉子。

石工锤主要用于石材加工，如制碑、雕刻等。

劳动老师说

人们习惯将扳手、锤子等常用的生产工具叫作五金工具。不过，很多人对"五金"的理解却是模糊的。

"五金"一词最早来源于古代炼丹中使用的金、银、铜、铁、锡五种金属，这也是传统的五金产品，又叫作"小五金"。这些金属经过加工可以制成刀、剑等艺术品或金属设备。

如今人们所用的五金种类繁多，规格各异。五金工具、五金配件、日用五金、建筑五金、安防用品等都属于五金制品。

三 使用电器，从了解用电常识开始

小小导读站

经过一个星期的努力，小叮当和爸爸终于完成了他们的赛车。爸爸找出几节电池，对小叮当说："儿子，现在就差给赛车通电啦，最后一步就由你来完成吧！"

小叮当兴奋地拿起电池，给赛车安上，然后按下开关。赛车立刻在客厅"奔跑"起来。小叮当高兴得又蹦又跳。

爸爸摸着小叮当的头说道："小叮当，你知道赛车为什么需要电池才能跑吗？"

小叮当想了想，疑惑地摇了摇头。爸爸笑着说："这就要从一些用电常识说起了。"

劳动小课堂

随着各种家用电器和电子产品的普及，我们与电的接触越来越频繁。虽然现在大部分的家用电器和电子产品在用电安全方面都有所保障，但是为了安全，我们仍有必要了解一些用电常识。

1. 家庭用电最好选用三插孔插座

在日常生活中，有时候会发生漏电的情况，这多半是因为电线老化，导致内部金属导体外露，致使家电的外壳也带上了电。当我们接触带电外壳时，电流就会通过身体流入地下，这就是我们常说的触电。

而三孔插座中有一根地线，如果发生漏电，电流就会通过三孔插座中的地线流到地下去，这样就能有效防止电流经过我们的身体。因此，在家庭用电中，我们还是更提倡使用三孔插座，这样即使漏电，插座中的地线也能保护我们的人身安全。

2. 远离道路上的变压器

很多同学认为，只有我们接触到导体的金属部分才会发生触电。然而，这种说法针对的往往是一般电器。对于高压电来说，人在不接触带电导体的情况下，也有可能发生触电。

高压电非常危险，我们与其的距离只要缩短到"击穿距离"之内，就会被高压电击穿放电。

我们在道路旁看到的变压器就属于高压电，在它们上面有着1万伏的电压。专业人员做过实验，将非干燥的木棒放到距离变压器35厘米的地方就有可能发生触电。所以，非专业人员最好对这些道路旁的高压场所"敬而远之"。

针对这些高压设备，我们通过表格，整理出了不同电压等级时的安全距离。

电压等级（kV）	安全距离（m）
10 及以下	0.70
20~35	1.00
44	1.20
66~110	1.50
154	2.00
220	3.00
330	4.00
500	5.00

3. 手脚潮湿绝对不要触碰电源和插座

手脚潮湿会让人体变得非常容易导电，在这种情况下大家千万不要去拔插头或触碰电源，否则很可能因为插座老化、绝缘程度降低而导致触电事故发生。总之，触碰插座或电源时，一定要保持手脚干燥。

4. 电池没电不要用牙咬

很多同学说，电池没电了，用牙咬一咬就有电了。这种说法虽然有一定的科学道理，但却是一种错误的行为。

一般的锌锰电池会产生化学反应，当化学反应完成后就没有电了。我们咬一下电池会加大反应面积，这样电池内部剩余的电子就会被释放出来。但是，并不是所有的电池都是这样的，具体还要看电池的属性。而且现在大部分电池都是镍镉电池和镍氢电池，其中的镉成分对人体有一定的危害，如果直接用牙咬很有可能会伤到皮肤。

5. 节约用电

现在每个家庭在用电方面都十分方便，不过我们不要轻视每一度电。因为1度电可以做很多事情。

1度电可以让一盏台灯亮40个小时；

1度电可以充满100部手机；

1度电可以支持路由器工作10天；

1度电可以让66瓦的冰箱运转15个小时；

1度电可以烧开8千克水；

……

总之，1度电的用处非常大，我们在日常生活中应当做到随手关灯，节约用电，让每度电都能实现它的价值。

劳动老师说

　　电是一种神奇的东西，千万不要小看电的威力。以我们经常见到的闪电来说，一束闪电的电力可以达到1亿伏至10亿伏。大家可能对这个数字没有概念，换一种解释来说，一束闪电的能量大约为50亿焦耳，就相当于1400度电，这个电量可以让一个100瓦的电灯泡亮3个月以上。

四 小园丁，学习简单的种植技术

小小导读站

小叮当在网上看到了很多漂亮的多肉植物的照片，他开始对多肉植物产生了兴趣。这天，他央求妈妈说："妈妈，多肉植物看起来好漂亮啊，我能不能也养几盆多肉植物呀？"

妈妈笑呵呵地说道："我家的小赛车迷改变兴趣了呀！养多肉植物听起来是个不错的想法，妈妈可以给你买几盆，不过，在这之前你有必要学习一下简单的种植技术！"

小叮当见妈妈答应了，连忙说道："遵命，我现在就开始学习！"

劳动小课堂

植物对人类来说至关重要。它可以间接给我们提供食物；可以通过光合作用吸收空气中的二氧化碳，向空气中释放氧气，维持空气中的碳氧平衡；还可以吸收有毒气体，帮助我们净化空气。

总之，植物和水、阳光一样，都是我们赖以生存的必需品。那么，这节课我们就来做一次"小园丁"，学习简单的种植技术，然后用我们的双手为我们的家园增添一丝生机吧！

其实，种植技术并不复杂。种植植物只需要掌握浇水、土壤、采光、通风、温度、盆器这几个关键点。

1. 浇水

对于同一种植物，根据空气湿度、季节、土壤结构、盆器材质的不同，浇水的次数也有所不同。那么到底什么时候需要浇水呢？这需要看植物的土壤。

通常，仙人掌、虎皮兰这些喜干的植物，等到土壤干透了才需要浇水；中性的植物，等盆内土壤表面微干了再浇水；喜水的植物，如蕨类、龟背竹、竹芋等，可以经常浇水，应保持土壤表面长期湿润。

浇水时最好小水慢灌，均匀浇透，切记不要猛灌。在熟悉每盆植物的需水量后，请记住这个浇水量。久而久之，你就会掌握给植物浇水的规律了。

还有一点需要注意：尽量不要将水浇在花朵上，最好浇在土壤里，否则花瓣遇水容易腐烂。

2. 土壤

一般来说，土壤的成分越复杂，植物生长状态越好，营养也越均衡。种植植物时，最好买一些添加缓释肥的土壤。另外，土壤并不是越多、越满越好。盆栽植物的土壤越多，越容易蓄积水分，致使植物根部腐烂。因此土壤的量要适当，可以添加一定的颗粒土或沙子、煤渣等，以确保排水良好。

此外，种植植物时尽量不要使用种死过植物的旧土壤。很多植物死亡是因为微生物病菌侵害，种植过这种植物的土壤或多或少会存在一些病菌，并且其营养程度也比较低。

3. 采光

任何植物都需要阳光，不过需求程度是有强弱之分的。一般而言，开

花期的植物对阳光需求量比较大，一些叶面面积大而薄、根系旺盛、花朵旺盛的植物也需要大量的阳光，如茉莉花、米兰、栀子花等。深颜色的花比较容易吸光，所以要避免它们因吸收太多阳光而被灼伤。

4. 通风

几乎所有的植物都喜欢通透的环境，所以无论种植什么植物，都要尽量放置在通风处，否则植物很容易会被闷坏或腐烂。例如，兰花对通风的要求就很高，应时刻将其放在通风处。

5. 温度

大部分植物在10℃以上的环境中都不会出现问题，但是如果在低于10℃的环境中就可能被冻伤。例如，竹芋很怕冻，一旦温度过低，叶子就会软掉、卷曲或枯萎。

6. 盆器

就盆器来说，红陶盆从功能性上看是非常适合种植植物的。因为红陶盆有调节水土关系的作用，如果不小心浇水浇多了，红陶盆的盆壁可以直接吸收、蒸发多余的水分，而且红陶盆本身比较透气。

需要注意的是，红陶盆容易有水渍，需要定期清洁。此外，红陶盆的水分蒸发得比较快，使用这种盆器种植植物时，应适当增加浇水的次数。

劳动老师说

种植植物看起来很复杂，其实也没有那么困难。最主要的一点是要"知其所以然"。你想种植一种植物，就要尽全力去了解这种植物的属性、特点、种植方法等知识。当你足够了解一种植物时，植物就会如你所愿旺盛生长。现在，请你选择一种自己喜欢的植物，用心去了解、种植，感受它的魅力吧！

第五章

掌握服务他人的劳动技能

- 每个人都被他人服务，也在服务他人
- 中小学生应该掌握的服务技能
- 学会急救包扎，关键时候起作用
- 小小志愿者，让我们一起做公益

一　每个人都被他人服务，也在服务他人

小小导读站

妈妈生病了，躺在床上休息。小叮当看到妈妈十分难受，连忙帮妈妈倒热水、找药。妈妈欣慰地说："谢谢小叮当的贴心照顾，妈妈很开心。"

小叮当笑着说："不用客气，这是我应该做的。我们劳动老师跟我们说，每个人都被他人服务，也在服务他人。平时您洗衣、做饭照顾我们，现在生病了我也有义务照顾您。"

劳动小课堂

服务指的是履行职务，为他人做事，并使他人从中受益的一种有偿或者无偿的活动。这种活动通常以劳动的形式满足他人的某种特殊需要，并且属于一种双向活动，即每个人都被他人服务，也在服务他人。

服务他人这种科学而高尚的品质是人类迄今为止最先进的人生追求，无论是在革命战争年代，还是在和平建设时期，服务他人这一高尚的人生追求，都是中国革命、建设、改革事业中的重要推动力。

2019 年 5 月，习近平总书记在复信美国伊利诺伊州北奈尔斯高中学生时谈到自己的工作，他说："我的工作是为人民服务，很累，但很愉快。"

服务他人就是成就自我。内蒙古元宝山大爱付出活动的承办方李春燕老师，在传统文化熏陶下，毅然决定开启圣学课堂，帮助那些迷失方向的人找回自我。后来，李春燕的丈夫因为工作受伤，她家的田地无人照管。

志愿者们知道后，浩浩荡荡来到她家，帮助她修整田地。这就是服务他人成就自我的最佳体现。

服务他人就是实现自己的人生价值。一次，雷锋肚子疼去团部卫生连拿药，返回途中他看到有建筑队在给小学盖大楼，便不顾肚子疼加入了运砖的行列。他干完活后，不留姓名就走了。

雷锋曾经说过："人的生命是有限的，可是，为人民服务是无限的，我要把有限的生命投入到无限的为人民服务之中去。"在雷锋的一生中，他一直秉持为他人服务的理念，他的光辉一直闪耀在无数人的心中。

向雷锋同志学习

如今，很多同学都喜欢把"我的地盘我做主"当作人生格言，这的确体现了青少年"我为我主、勇往直前"的特点。不过，要成为成熟、负责任的青少年，我们必须树立为他人服务的观念，这样才能担起促进祖国繁荣发展的新使命。

在社会、家庭、学校中，社会、父母、老师一直在为我们服务，为我们的健康成长、知识教育提供优良的条件。我们拥有着作为学生、子女优渥的条件，同样也应该履行"服务人民"的义务。

"人民"不仅指社会人民群众，身边的同学、父母都属于人民。因此，服务不分人群、地点，我们只要有服务他人的意识，随时随地就都可以行动起来。我们可以为爸妈端杯热水，给同学一句贴心的慰藉等，这些行动都属于服务他人。

服务他人最重要的在于我们的态度，形成"心中有他人"的服务意识。我们接受"知荣明耻"教育的目的就是树立"以服务人民为荣"的观念，培养良好的道德情操，在服务他人中成就自我，实现自己的人生价值。

劳动老师说

孙中山曾经说过："服务就是我为人人，人人为我。"服务是相互的，我们在服务他人的同时，也在被他人服务着。"赠人玫瑰，手有余香"，在服务他人的过程中，我们也会得到快乐和满足。请同学们想一想，在日常生活中你们都做过哪些服务他人的事情呢？他人又是如何对待你的服务的？

二 中小学生应该掌握的服务技能

小小导读站

今天上劳动课的时候，小叮当的老师告诉大家，服务最重要的是要行动起来，用自己的服务技能积极、主动地为身边的人服务。小叮当听完很疑惑，就问爸爸："爸爸，什么是服务技能呀？我又该怎样使用服务技能帮助他人呢？"

正在修理计算机的爸爸站起来说："服务技能就是你在服务他人时需要用到的技能。先不说这个，你帮爸爸去找一个螺丝刀可以吗？"

小叮当跑去书房，从工具箱里找到一把螺丝刀，然后飞快地将螺丝刀送到爸爸手中。爸爸微笑着说："喏，你贴心地帮助爸爸找工具，这就是你的贴心服务技能！"

小叮当似懂非懂地点了点头。

劳动小课堂

中小学生不仅需要具备服务他人的意识，还应该掌握以下服务技能。

1. 真情至上

在服务他人的时候，热情不能少，但是真情更加可贵。所谓真情至上，就是在帮助他人时，设身处地地从他人的角度思考，了解他人需要什么帮助，然后真心实意地为他人服务。

2. 反应及时

最珍贵的帮助是"雪中送炭",当别人遇到困难时,我们要及时了解别人的困境,进而提供帮助。例如,老师在上课时没有粉笔了,我们应当想到哪里可以取粉笔,然后迅速帮老师解决难题。

3. 得到认可

服务他人是在满足他人需求的同时实现自我价值。当他人身处困境时,我们要做的是帮助他人完整地做完一件事情,尤其是承诺他人之后一定要做到。例如,其他小朋友的玩具坏了,若你选择帮助小朋友修理玩具,那就要有始有终,不能因为其他事情半途而废。

4. 细节服务

俗语说"细微之处见精神"。服务他人并不一定需要做多大的事情,生活中的小事就能体现我们的服务精神。即使是借给同学一块橡皮,帮老师摆好凳子,给奶奶捶背这样的小事,也可以让他人感受到我们的关心。

5. 把握分寸

距离产生美。我们在服务他人的过程中,距离他人太近或太远都是不适宜的,尺度把握的好坏是衡量服务是否周到的标准之一。例如,老师病了,我们可以主动去老师家中探望,但是不能随意在老师家中活动,打听老师的生活。

6. 提供力所能及的服务

一个人的能力不是无限度的,而是有限度的。我们无法帮助所有人,也无法完成所有的事情。当我们的能力满足不了别人需求时,我们要学会拒绝。尤其是中小学生,要珍爱自己的生命,不随意涉入险境。如他人遇到歹徒抢劫,我们要尽力寻求警察的帮助,利用大人的力量为他人提供帮助。

做些力所能及的家务

7. 远程服务

在当今的信息化时代，我们能做帮助的不仅是身边的人，为身边的人提供服务，还可以通过强大的互联网帮助远在千里之外的人。例如，将不需要的衣物、书本捐赠给贫困山区的儿童，通过电子邮件慰问远在他乡的朋友等。

8. 持久服务

服务性劳动不是一朝一夕就可以完成的劳动。可以说，人的一生都在服务他人，也在被他人服务。因此，服务性劳动属于一项持久性活动。我们在进行这项劳动时，要有足够的耐心，努力做到长期服务他人。

劳动老师说

　　中小学生的劳动课不仅要致力于培养劳动观念，更在于教会同学们如何从劳动中体验生活的乐趣，从服务他人中感受到劳动的快乐。

三　学会急救包扎，关键时候起作用

小小导读站

体育课上，小豆丁不小心把脚崴了。小叮当和其他同学十分着急，却不知道该怎么做。最后体育老师帮助小豆丁处理了一下伤脚，然后将小豆丁送到了医务室。

体育老师返回课堂后，小叮当和其他同学都关心地询问小豆丁的情况。体育老师看着同学们关心的表情，说道："大家放心，小豆丁没有大事，医生已经帮小豆丁开药了。不过，现在我来给大家讲讲急救包扎的知识，这样下次你们有谁不小心受伤或者遇到受伤的人，就可以正确处理了。"

同学们听到后都觉得老师的建议很好，于是认真地听体育老师讲急救包扎的知识。

劳动小课堂

当我们进行体育活动或运动时，很有可能会受伤。与其手足无措地看着伤口或患者，不如学一些简单的急救包扎知识。这样一来，我们就能更好地服务他人。

在日常生活中，我们常见的轻度损伤有崴伤、扭伤、肌肉拉伤等。针对这些轻度损伤，我们可以采取以下急救措施。

1. 崴伤

1）辨别伤情

一般来说，如果伤员崴伤后不是很疼痛，可以自己活动足踝，那么大多为扭伤，可以自行处理。如果伤员感到疼痛剧烈，受伤部位迅速肿胀，则为严重脚踝伤，应当立即送往医院。若条件有限，不能即刻抵达医院，则应采取一些急救措施。

2）先冷敷，后热敷

脚崴伤后，为了避免内部破裂的血管继续出血，我们应当先冷敷控制住伤势，等到出血停止后再热敷。

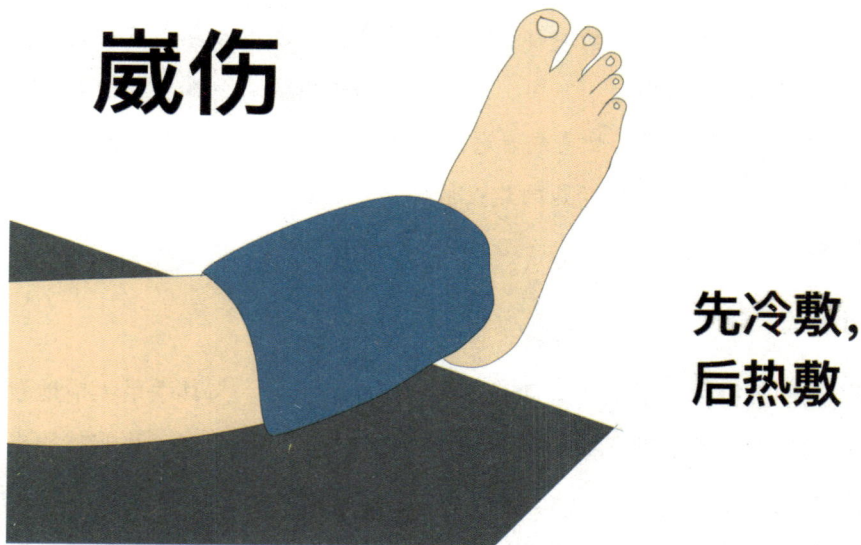

崴伤

先冷敷，后热敷

3）适当活动

在伤员刚刚崴伤，其伤势正在发展时，我们应当抬高伤员的受伤部位，限制伤员的活动。等到伤势比较稳定时，可令伤员自行活动脚踝，但要适度。

4）适当按揉

在伤员崴伤初期，血肿还未消除前，我们可以用手掌按揉伤员血肿处，其力道控制在虽疼但是可以忍受的程度，按揉时间为 2~3 分钟。

2. 扭伤

扭伤时的处理措施非常简单。大家只要掌握"大米"（rice）急救法，就能轻松救助他人或者进行自救。

"大米"（rice）急救法是指休息（rest）、冷敷（ice）、加压（compression）、抬高（elevation）四步急救法。

第一步：休息（rest）

扭伤后，伤员首先应当停止运动，立即坐下或者躺下休息，从而缓解疼痛、出血或肿胀情况，避免伤情恶化。

第二步：冷敷（ice）

使用冷冻的东西覆盖受伤部位。冷敷时最好使用冰袋，如果没有冰袋也可以用冷饮代替。为防止冻伤，可以将冰袋或冷饮包裹后再使用，并且每次冷敷不要超过 20 分钟。

第三步：加压（compression）

使用干净的敷料覆盖在受伤部位，并用绷带包扎，从而达到控制伤情的目的。包扎时，一般从受伤部位下方开始往上包，包扎到受伤部位时要减缓力度，以保证血液循环。在包扎过程中，如果伤员出现疼痛或者皮肤变色等现象，表明血液循环受到阻碍，则应松开绷带重新包扎。

第四步：抬高（elevation）

将伤员受伤部位抬高，最好高于心脏，这样有利于止血消肿。

3. 肌肉拉伤

我们在面对肌肉拉伤伤员时，可以采取的急救措施包括以下几点。

（1）停止运动，帮助伤员坐下或者躺平，保护伤员受伤部位，最好将受伤部位抬高。

（2）将冰袋或者冷垫覆盖在伤员的受伤部位，通过冷敷减轻伤员的疼痛，以及缓解受伤部位的肿胀和瘀血情况。

（3）使用棉布覆盖受伤部位，然后用弹性绷带包扎受伤部位，通过加压减缓受伤部位内出血情况，防止组织液增加。

（4）肌肉拉伤后，24小时内不要对受伤部位进行热敷，也不要给伤员进行揉捏和按压，避免加重内出血和肿胀。

（5）抬高受伤部位，从而减轻伤员的不适感，并能缓解受伤部位肿胀和瘀血现象。

需要注意的是，如果伤员伤情比较严重，或者出现骨折、肋骨损伤或其他重度损伤，同学们千万不要随便挪动伤员，而是应当立即拨打急救电话，由专业人员来处理。

劳动老师说

遇到紧急情况时，急救知识才是最有用的"救命良药"。急救是所有中小学生都应该学习的技能。在日常生活中，中小学生不但要注重身体健康，更要掌握一些基本的急救知识，让自己成为一个生命救助者。

四 小小志愿者，让我们一起做公益

小小导读站

周末，小叮当和几个小伙伴在社区玩耍时，发现社区很多墙壁上都被贴了广告，十分难看。他们想起劳动老师说过，环境维护靠大家。他们商量过后，决定帮助社区清理广告。

于是，他们各自从家里拿了刷子、水桶等工具，开始清理社区墙壁上的广告，整整忙了一下午，社区的墙壁总算干净了。社区的人见了，都夸他们是好孩子。小叮当和小伙伴们虽然很累，但是却很开心。

劳动小课堂

2019年10月，中共中央、国务院印发的《新时代公民道德建设实施纲要》提出了"积极倡导富强民主文明和谐、自由平等公正法治、爱国敬业诚信友善，全面推进社会公德、职业道德、家庭美德、个人品德建设，持续强化教育引导、实践养成、制度保障，不断提升公民道德素质，促进人的全面发展，培养和造就担当民族复兴大任的时代新人"的要求。

中华传统美德是中华文化的精髓，是道德建设的不竭源泉。为了充分彰显中华民族的时代价值和永恒魅力，每个人都有义务坚持"幸福源自奋斗""成功在于奉献"的理念，大力弘扬劳动精神、劳模精神。

作为一名中小学生，我们也有义务为建设文明中国贡献自己的力量。在生活中，我们要立志做一名小小志愿者，通过公益服务弘扬中华民族团结、奉献、友爱、互助的志愿精神，营造"我为人人，人人为我"的优良社会风气。

公益服务是指有关社会公众福祉和利益的服务活动，其不以营利为目的，旨在为全体人民提供无偿服务。对于中小学生来说，我们能参与的公益服务活动有很多。

1. 社区志愿服务活动

社区志愿服务活动有各种各样的形式，如清理垃圾、献爱心送温暖活动等。我们可以利用周末、暑假、寒假等空闲时间参与社区志愿服务活动。

例如，组织同学每月定期清理白色垃圾，清除墙壁上的广告；还可以做一名"小小监督员"，对乱扔垃圾、破坏公共设施等不文明行为进行劝阻，帮助社区人民树立文明之风，养成良好的行为习惯。

再如，开展献爱心送温暖活动，帮助社区工作人员定期为家庭困难、行动不便的残疾老人或孤寡老人打扫卫生、料理家务。

寒暑假期间，我们还可以跟随居委会、文明志愿者为留守儿童、贫困儿童开展助学活动，帮扶有困难的儿童等。

2. 图书馆志愿者

图书馆是一个提供知识的场所，一直受到广大人民的喜爱。但图书馆书籍众多，再加上部分读者爱书、护书意识淡薄，书籍混乱、破损、遗失现象时有发生。

为了更好地让人们利用图书馆的资源，充分发挥图书馆的作用，我们可以帮助管理员整理书籍、打扫卫生，以维护良好的读书环境。这样，不仅有利于更多的人受到知识的熏陶，还能提升我们的服务意识和公德意识。

3. 敬老院志愿服务活动

作为新时代的中小学生，我们有必要尊老敬老，积极参与敬老助老志

愿活动。我们有必要和义务帮助敬老院的老人，关爱他们，切实为他们排忧解难，通过打扫卫生、慰问、节目演出等活动为他们营造一个温馨和谐、健康文明的氛围。

4. 义卖、捐赠活动

义卖、捐赠活动是一种具有奉献爱心精神的活动。通过这些活动，我们可以把关怀带给世界，加强人与人之间的交往，积极推动社会主义精神文明建设。在日常生活中，我们可以参与义卖或捐赠活动，将闲置的衣物、玩具、书籍等物品通过公益服务活动，送给贫困山区的儿童，为他们送去一份爱心。

作为公益服务活动的重要参与力量，作为社会群体中不可小视的一分子，中小学生参与公益服务活动具有重要的意义。

对于我们自身来说，我们用微小的力量来回馈社会，可以丰富自己的精神生活和内心世界。对于受益公众来说，公益服务活动能够为他们提供更好的生活环境，并给他们带来正能量和温暖。

劳动老师说

参与公益活动是一种修养和道德的体现，更是一种帮助自身成长的方式。当你真正地参与到公益服务活动中，亲手为需要的人送去温暖，看到被帮助的人脸上洋溢的幸福笑容的时候，你自然会感到满足和快乐。公益服务活动带给人们的不仅是物质方面的帮助，更重要的是唤醒人们乐于奉献的信念，让所有人都参与到这种"爱"的活动中来。

第六章

我的职业体验

- 走进田野，喜欢上做农活
- 交通协管员，今天我来守护行人
- 医生、工人、程序员、会计……大人是这样工作的
- 劳动周，让我们去体验真实的劳动
- 一份职业体验报告
- 一次热爱劳动的主题班会

一 走进田野，喜欢上做农活

小小导读站

对于农民伯伯来说，丰收就是最大的财富。只有不断地劳动，才能不断地丰收。在日复一日、年复一年的劳动中，农民伯伯的脸渐渐消瘦，手上的青筋日益清晰。但是不管环境多么恶劣，耕地多么辛苦，农民伯伯们都会坚持不懈地劳作。因为他们知道，只有劳动才会有收获，才能创造美好生活。

劳动小课堂

小叮当自从上了劳动教育课之后，一直吵着想去体验一次真正的劳动。小叮当爸爸看着小叮当急不可耐的模样，几番思索后决定带小叮当去外公家体验干农活。小叮当知道后，恨不得立刻"飞"到外公家。

在去外公家的路上，小叮当看着田野里种满了蔬菜、玉米、花生……各种农作物整整齐齐地排列在田野里，仿佛是保卫村庄的哨兵。

到了外公家，小叮当迫不及待地跑到外公面前，想和外公一起去田野里干农活。外公看着小叮当着急的样子，便拿起铁锄和篮子，带着小叮当走到了田野里。

田野里到处散发着清新的泥土气息，柔和的阳光照在土壤上，就像给田地披上了一层金黄的轻纱。

外公告诉小叮当，要想种土豆，必须先用铁锄松土。然后，外公就用

铁锄一点点刨脚下的土地。小叮当心想，不就是翻土吗，看起来很简单，我也会。

于是，小叮当从外公手上接过铁锄，也举起铁锄，学着外公的样子，重重地把铁锄砸在地上。可是，铁锄似乎不听小叮当的话，仅仅刨开了薄薄一层土，这样根本没有办法种土豆。

小叮当不服气，他继续挥舞了几下铁锄，终于把脚下一小片儿土地翻好了。小叮当累得气喘吁吁。外公看着小叮当，笑着说："你的力气太小了，还是让我来吧！"

说完，外公拿起铁锄，一下又一下地翻着脚下的土地。用了不到一小时，外公就把种土豆的地全翻好了。小叮当在旁边看得目瞪口呆，对外公深表敬佩。

种土豆

翻好地后，外公又用铁锄挖好一个个小坑，然后将篮子里的土豆一个个放到挖好的坑里，最后在土豆上面盖好一层土。

小叮当见此，连忙跑到外公旁边，说道："外公，我已经学会种土豆了，让我来帮你吧！"

说完，小叮当像模像样地在地上挖了一个坑，从篮子里拿出一个土豆，毫不犹豫地扔到坑里，然后准备盖土。

外公看了，一边笑一边阻止小叮当："我的乖孙子啊，土豆不是这样种的。你看，每一个土豆上面都有芽，种的时候要把芽朝上放，它才能长得快。"

小叮当疑惑地拿起一个土豆看了看，皱巴巴的土豆就像一个饱经风霜的老人的脸，上面还长着几个紫中带着一点儿绿的芽，芽的底部还长着好多"小胡须"。小叮当心里想着外公的叮嘱，把土豆芽朝上放到坑里，然后又用铁锄将周边的土盖在土豆上。

就这样，小叮当和外公一起将一颗颗土豆种到土里。大约过了一个小时，一篮子土豆终于种完了。小叮当累得腰都直不起来了，他一屁股坐在田埂上，有气无力地对外公说："外公，原来种地这么累呀！"

外公笑呵呵地说道："这是我们家最小的一块地了，你看旁边那块种玉米的地有五亩呢！种玉米可比种土豆累多了。"

小叮当转头看了看外公说的玉米地，成片的玉米整齐地排列在田野里，一眼望去，似乎都看不到边际。小叮当心想，原来农民伯伯们平时种地这么辛苦啊。我们平时吃的粮食是农民伯伯用一点一滴的汗水换来的，以后我一定不会浪费粮食，不能浪费农民伯伯的劳动成果。

劳动老师说

春天，农民辛辛苦苦地将种子撒在田地里，然后辛勤地给它们浇水、施肥、杀虫。到了秋天，农民又要忙着收获，种别的农作物。一年四季，农民每天辛苦地在田地里劳作，就是为了种出各种蔬菜、粮食，让我们每天都能吃到美味佳肴。

没有农民辛勤的劳动，就没有饭桌上的一粥一饭。是劳动让我们的餐桌变得丰富多彩。通过劳动，我们能创造财富，创造未来。

二　交通协管员，今天我来守护行人

小小导读站

　　无论是炎炎夏日，还是寒冬腊月，马路上总会有很多绿色的身影。他们被大雨淋湿了衣裳，被汗水浸透了衣衫，被寒风吹破了嘴唇，但是丝毫没有动摇。他们就是交通协管员。

　　他们每天站在车水马龙的道路中央，穿梭在车辆、人流中，维护着交通，保护着我们的安全。他们是马路上最可爱的人。

劳动小课堂

　　一天，学校布置了一个特别的社会实践活动：体验交通协管员工作。小叮当每天都能在路上看到穿着绿色交通服的警察叔叔，他心里一直想着，自己穿上绿色交通服会是什么样子呢？

　　周六一大早，小叮当和同学在市区的一个十字路口集合。带队的老师和一位交警说明了来意，并把他们安排在这名警察叔叔旁边。

　　警察叔叔、小叮当和小豆丁分在一组，在一个街口执勤。小叮当从警察叔叔手中接过绿色的执勤服穿在身上，然后把警示哨挂在脖子上。

　　警察叔叔向他们说明了具体的工作内容，让他们在红灯亮起的时候，拉起红线，警戒路人不要闯红灯。如果有人无视红线，故意闯红灯，就吹响脖子上的口哨，这时他就会过来协助管理交通。

　　小叮当穿戴完毕后，站在街口，内心十分忐忑。他感觉周围的人似乎都在看着他，有点不好意思。

但当红灯亮起时，小叮当和小豆丁立刻默契地配合起来，他们将红线拉开，阻止路人继续向前。等到绿灯亮起的时候，他们又赶紧把红线撤掉，然后注视着路人安全地过马路。

不一会儿，小叮当和小豆丁就忙得满头大汗了。这时的他们一点儿也不害怕了，只想着什么时候才能休息。

过了一个小时，警察叔叔拿着两瓶水走过来。警察叔叔把水递到小叮当和小豆丁手中，笑着说："累了吧，喝口水，歇会儿吧，还有一个小时我们就可以换班了，一定坚持住呀！"

交通协管员

　　说完之后，警察叔叔立刻回到他的岗位上，继续指挥交通。小叮当看到警察叔叔的衣服都浸湿了，但是依旧坚守在自己的岗位上，这令他十分敬佩。

　　接着，小叮当和小豆丁也自觉地回到工作岗位，继续完成自己的本职工作。不料，小叮当和小豆丁刚拉开红线，一位中年妇女便拉着一个小朋友急匆匆地从红线下面穿过，想要闯红灯。

　　小叮当立刻制止了她，大声说道："阿姨，现在是红灯，很危险，您不能过去！请您退到红线后面，等绿灯亮了再过马路。"

　　中年妇女听到后，焦急地说："不是我不等绿灯，而是我的孩子上学要迟到了，老师说今天学校有重要的事情，如果迟到会受到处罚的。"说着，中年妇女拉着孩子就要走。

　　小叮当只好吹响了警示哨。警察叔叔听到后，立刻赶来。这时，绿灯亮起，行人陆续过了马路。

　　警察叔叔了解情况后，将中年妇女拦下，语重心长地说："大姐，我知道您着急，但是再着急也不能不顾自己的生命安全。您想想，是学校的处罚要紧，还是您和孩子的生命要紧呀！而且，现在绿灯亮了，您本来可以过马路了，但因为没有遵守交通规则，反而耽误了更多的时间。"

　　中年妇女听完后，羞愧地低下了头。然后，她不好意思地说道："对不起，的确是我的错。我不应该拿生命开玩笑，我下次不会了。"

　　说完，中年妇女带着孩子退到红线后面，等待下一个绿灯亮起。小叮当见此，把手中的红线拉得更紧了。他想，这道红线其实就是生命线，此刻我作为一名"交通协管员"，有义务用这道红线守护行人的人身安全。

　　过了一会儿，绿灯亮起，中年妇女和她的孩子以及其他行人都安全通过了马路。小叮当看着行人远去的身影，站得更直了。

劳动老师说

　　据调查，安全事故已经成为中国14岁以下青少年的第一死因，其中交通事故是中小学生的第一大杀手。据统计，全国每年因为交通事故而伤亡的人员中，有30%是中小学生。其实，和其他意外伤害相比，交通事故是比较容易避免的。

　　马路上的交警、交通协管员为了减少交通事故的发生，每天在道路上指挥交通。可以说，交通协管员和交警是保障我们人身安全的生命防线，他们用辛勤劳动呵护着每一个行人的生命。

三 医生、工人、程序员、会计……大人是这样工作的

小小导读站

医生、工人、程序员、会计……当今社会中的职业数不胜数，每一个人都有自己的工作，每天都在自己的二作岗位上就就业、勤奋工作。但是，你是否了解大人都是怎样工作的？

劳动小课堂

小叮当爸爸每天都很忙，就连周末带小叮当外出游玩时，也会接到好几个工作电话，甚至有好几次都因工作半途折返，回公司加班了。小叮当不解，大人为什么总有那么多工作要做，他们每天都在忙些什么呢？

带着这个疑问，小叮当和小伙伴做了一次小调查。他们走访了医院、办公大楼、建筑工地，了解了不同职业的人一天的工作生活。

1. 医生的一天

医生的日常工作包括交接班、查房、开医嘱、接收患者、做检查、写病历、办理入院、做手术、整理出院病历、参加病历讨论等。主治医生在负责这些日常性工作的过程中，还要了解每个病人的情况，并根据病人的实际情况及时调整诊疗方案。

除此之外，医生还要利用空闲时间进行实验、收集数据、设计课题、撰写论文、申请专利等。

2. 工人的一天

工人早上一般很早就起床了，简单吃过早饭后，就会换好衣服、戴上安全帽开始一天的工作。中午休息时间通常为一个小时，简单吃过饭后，工人们只能在建筑工地休息一会儿，然后继续开始下午的工作。遇到工期较紧的工程，工人们可能要工作更长时间。

每个工人的工种不同，其具体工作内容也不同。如钢筋工人的日常工作为下料、调直、连接、切断、焊丝等，架子工的日常工作为搭设操作平台、安全栏杆、井架、支撑架等。

3. 程序员的一天

程序员主要负责开发程序、维护程序，手机、计算机上的应用软件、网页都是由程序员通过编写代码等工作而完成的。

对于程序员来说，他们的日常工作主要是编写代码、修补程序漏洞，要确保每一个程序都可以正常运行。与其他职业相比，程序员的工作比较枯燥，并且工作压力比较大。程序员经常加班，十分辛苦。

4. 会计的一天

会计的日常工作主要为处理公司的财务。根据具体工作内容，会计岗位可以分为出纳会计、成本会计等不同的工种。

出纳会计主要负责每日登记现金日记账、填制收付款凭证、盘点库存现金、保管空白支票等；成本会计主要负责编制成本报表、进行产品成本分析、核算生产成本等。

通常，每个月的月初和月底是会计最忙碌的时候，在此期间，会计要完成月底财务报表、月初纳税工作，避免影响下个月的工作进程。

了解到这些，小叮当懂得了，每一份工作都很艰辛，大人们只有每天认真工作，才能承担起家庭的重担、社会的责任。

作为中小学生，我们虽然现在还没有参加工作获得报酬，但是应当知道我们花的每一分钱都是父母依靠双手拼搏来的。我们应当常怀感恩之心，感恩父母辛勤工作，为我们创造幸福生活，也感谢所有劳动者为我们创造的这个丰富多彩的世界。

劳动老师说

劳动是一坛陈年老酒，细品才知醇香；劳动是一首经典老歌，承载着历史的辉煌与伟绩。劳动是最光荣的事情，它带给我们的一切都需要我们用心去感受，从细微之处去体会。我们应将伟大的劳动精神一辈辈传承下去！

四 劳动周，让我们去体验真实的劳动

小小导读站

中共中央、国务院印发的《关于全面加强新时代大中小学劳动教育的意见》指出，在劳动教育课程的配备上，要求设立劳动教育必修课和劳动周，保证必要的劳动实践时间，同时强调其他课程要有机融入劳动教育内容和要求。

其中，中小学劳动教育课每周不少于1课时；职业院校以实习实训为载体开展劳动教育，其中劳动精神、劳模精神、工匠精神专题教育不少于16学时；大学本科阶段不少于32学时。

劳动小课堂

经过一学期的劳动教育，小叮当对劳动有了新的认识。老师告诉同学们，要想真正感受劳动的魅力，最重要的是参与劳动。因此，老师在学校开展了"劳动周"活动，让同学们都能在劳动中体验生活。

小叮当知道后兴奋不已，他找到劳动老师，想要帮助劳动老师一起制订"劳动周"活动策划，全身心参与"劳动周"活动。劳动老师见小叮当热情高涨，便答应了他的请求。

经过一下午的努力，小叮当在劳动老师的帮助下，完成了一份"劳动周"活动策划！

"劳动周"活动策划

1. 活动主题

文明校园，你我共建。

2. 活动目标

（1）创建整洁、文明校园环境，营造文明读书氛围，共同创造和谐校园。

（2）增强同学们的劳动意识，锻炼同学们的体魄，培养同学们热爱劳动的情感。

（3）帮助同学们养成良好的卫生习惯。

3. 活动内容

（1）文明整治校园环境，清洁宣传栏、各卫生区、教学楼。

（2）文明行校园，在校园内文明用餐，文明用语，争做文明中小学生。

（3）考勤督导，坚持按时上下课，上课期间认真听讲，尊重教师的劳动成果。

4. 活动范围及对象

××学校全体师生。

5. 活动时间

待定。

6. 活动实施步骤

1）活动宣讲

劳动老师带领同学们了解开展"劳动周"活动的意义，鼓励同学们积极、热情地参与活动。

2）活动要求

劳动老师针对本次活动，确定具体活动要求，规范同学们的行为。

具体要求：清理教学区和生活区道路、绿化带等公共场所的垃圾，清理各楼层墙壁上乱贴的杂物；清洁校园内的宣传栏、告示栏，创办与"劳动周"相关的活动板报；监督同学们在活动期间的言行，使其做到文明行校园；监督同学们的上课情况，严格查处无故旷课、迟到、扰乱课堂秩序的学生。

3）活动执行

分派各班任务，由劳动老师带领各班同学进行清洁、整理等劳动工作；活动期间，同学们互相监督言行，督促每个同学都做到举止文明；严格要求自己，不迟到，不旷课，不无故扰乱秩序，珍惜教师的劳动成果。

4）检查评比

校领导对各班级执行结果进行监督检查，并针对实际情况进行评估，选出活动中表现优异的班级，授予文明流动红旗。

评分标准：卫生区内发现纸屑、瓜子壳、烟头等杂物，每次扣1分，每天最高扣10分；宣传栏、告示栏未清理干净的，每次扣0.5分；黑板未清洗、垃圾未倒、空座位有灰尘、走廊天花板有蜘蛛网，每发现1次扣2分；"活动周"板报未完成的扣2分；出现说脏话、打闹等不文明行为，每次扣1分；无故迟到、扰乱课堂秩序、旷课，视具体情况扣分，最高不超过10分。

以上评分采取减分制，总分为100分，最后得分由学校相关领导统计，并对成绩优异的班级进行奖励。

劳动最光荣，希望大家怀揣劳动热情，为建设文明校园贡献自己的一份力量。

策划人：×××

策划时间：××××年××月××日

劳动老师说

一个只懂得埋头苦读书，永远走不到实践中的人，永远都只是一个不切实际的理论家。劳动能让我们养成艰苦朴素、吃苦耐劳的高尚品格，让我们明白生活的意义。正所谓"一分耕耘，一分收获"，我们要亲自参与劳动，这样才能有所收获。

五 一份职业体验报告

小小导读站

如今的中小学生，有了更好的生活条件，但是缺少了辛勤劳动的机会；有了更多了解世界的渠道，但缺少了感受生活的直接体验。"不经一番彻骨寒，怎得梅花扑鼻香"，为此我们应走出校园，去体验真正的职业生活，在工作中开阔自己的眼界，体会劳动的艰辛，积累社会经验，为未来走向社会做好准备。

劳动小课堂

这个学期与以前的学期有所不同，小叮当不仅学到了很多课本上的知识，还按照学校的要求进行了几次不同的职业体验。

通过职业体验，小叮当感受到了各行各业的艰辛。为了更加深刻地记住这些劳动体验，小叮当在班里做了一份职业体验报告。

在这个学期，我体验了农民的种地生活，交通协管员的交通工作，调查了医生、工人、程序员、会计等多个职业人员的日常生活，感触颇多。

首先，我去外公家体验了干农活。在去往田野的路上，我被田野里面的各种农作物吸引了，它们就像田野里的哨兵，可爱又威严。然而，当我真正种土豆的时候，才体会到这些美景的来之不易。

之前在我眼中看起来非常容易干的农活其实并不简单。要想把农作物

93

种好，不仅要花力气松土，还要掌握好多农作物播种的技巧。而且，种植农作物还要给它们浇水、施肥、杀虫，日复一日地保护它们，如此才能在秋天收获丰硕的果实，我们才能在餐桌上吃到美味佳肴。

这次干农活让我感受到，每一粒粮食都是农民伯伯用汗水浇灌而成的。为此，我们一定要珍惜每一粒粮食，不辜负农民伯伯为它们付出的辛苦。

其次，我在交警叔叔的带领下，体验了交通协管员工作。我刚刚穿上交通协管员衣服的时候，并不知道这身衣服的意义，有的只是对未知的害怕。但是，当我拉起红线，将行人阻挡在安全线之内的时候，我深深地体会到了这份工作的重大意义。

交通协管员虽然很累，但正是有了他们，我们的人身安全才有了保障，交通才能时刻通畅。他们就是道路上的"守护天使"，在默默守护着每一个行人。

职业体验

最后，我观察了医生、工人、程序员、会计的日常生活。我发现，大人们每天都要为了工作不停奔波、忙碌。如果没有他们，病人就没有办法看病，很多人就没有安居之所，手机和计算机中也不会有丰富多彩的应用。总之，有了大人们的劳动，才有了我们现在的精彩生活。

之前，我总是抱怨学习太无聊，每天课太多，但是和每天工作的大人相比，我们既不用承受生活的压力，也不用为了每天的食物、衣服发愁，因此我们真的太幸福了。

为此，我下定决心，以后要更加努力学习，考上理想的大学，找到合适的工作，为社会贡献自己的一份力量。

以上就是我这个学期的职业体验报告。通过这些职业体验活动，我感触很深：我以后在学习之余一定要发挥自己的价值，积极主动地帮助父母分担家务，做一个热爱劳动、积极向上的好学生！

劳动老师说

走出校门融入社会的大舞台，我们才能真正体会到人们工作的艰辛，以及每个人应当担负的社会责任。任何理论知识只有与劳动实践密切结合，才能发挥它的真正价值，才能不断地充实我们的精神生活。

六　一次热爱劳动的主题班会

小小导读站

中国梦是每一个人的梦，实现中国梦需要每一个人努力奋斗。美好生活不会自动到来，我们要拥有幸福，离不开锲而不舍的辛勤劳动。

在人的一生中，青少年时期是敢于追梦、坚持圆梦的最好阶段。青少年时期，选择吃苦就相当于选择了收获，选择奉献就相当于选择了高尚。在这个时期，激发热爱劳动的热情，敢于顽强拼搏，我们才能留下充实、无悔的青春回忆。只有热爱劳动，积极参与劳动的人生，才是幸福的人生！

劳动小课堂

这学期的劳动课程已经结束，劳动老师为了总结这学期的劳动课程，利用最后一堂课在班级开展了一次"热爱劳动"主题班会。在这次班会上，同学们都十分积极和热情。

班会一开始，劳动委员上台致开场白："达·芬奇曾经说过'劳动一日可得一天的安眠，劳动一世可得幸福的长眠'。只有亲自参加劳动的人，才懂得尊重劳动人民，珍惜别人的劳动成果，懂得我们的幸福需要靠劳动来创造。我们作为 21 世纪的学生，更应该热爱劳动，珍惜劳动成果。"

随着劳动委员慷慨激昂的开场白，同学们热情高涨，下定决心要热爱劳动，珍惜现在的幸福生活。

接着，小叮当和全班同学齐唱革命歌曲《咱们工人有力量》："咱们